자연, 양심, 하나님

존 프레임 지음 | 손현선 옮김

좋은씨앗

Nature's Case for God: A Brief Biblical Argument
Copyright ⓒ 2018 by John M. Frame
Originally published in the USA under the title
Nature's Case for God: A Brief Biblical Argument
by Lexham Press, 1313 Commercial St., Bellingham, WA 98225
LexhamPress.com
All rights reserved.

자연, 양심, 하나님

초판 1쇄 인쇄 2020년 11월 20일
초판 1쇄 발행 2020년 11월 30일

지은이 존 M. 프레임
옮긴이 손현선
펴낸이 신은철
펴낸곳 좋은씨앗
출판등록 제4-385호(1999. 12. 21)
주소 서울시 서초구 바우뫼로 156, 402호
전화 (02)2057-3041 팩스 / (02)2057-3042
전자메일 good-seed21@daum.net
페이스북 facebook.com/goodseedbook

ISBN 978-89-5874-347-7 03230

이 한국어판의 저작권은 Lexham Press와 독점계약한 좋은씨앗에 있습니다. 신저작권법에 의해 한국 내에서 보호받는 저작물이므로 무단 전재와 무단 복제를 금합니다.

존 프레임, 성경적 자연신학을 말하다

하나님이 폭풍우 가운데 욥에게 응답하시던 때 하신 말씀의 대부분은 자연세계를 만드신 창조자로서 그분의 경이로운 지혜에 관한 것이었다. 그럼에도 왜 우리는 이와 관련한 논의를 불편하게 여기는가? 사실 그리스도인들이 모든 자연계시에 관한 호의적인 여론에 불편함을 느끼는 것은 이해할 만하다. 그들의 불편함은 자연에서 유신론적 증거와 그 비슷한 류를 추구하다가 자칫 성경의 권위를 뒷전으로 놓지는 않을까 하는 타당한 우려에서 비롯된 것이다. 이 주옥 같은 책에서 프레임 교수는 성경이 자연세계의 증거를 소외시키는 것이 아니라 오히려 요구한다는 것을 설득력 있게 제시함으로써 이런 우려를 잠재운다. 프레임은 전통적 자연신학에서 비켜나 있지만, 기독교 변증을 성경 내 인용으로 제한해야 한다는 '의도는 선한' 주장과도 역시 거리를 둔다. 그가 분명하게 밝히는 바와 같이, 성경의 권위 없이는 자연세계의 증거를 취할 수 없지만, 성경의 권위 역시 자연세계의 계시 없이는 제대로 이해될 수 없다. 우리가 저자의 필치에서 익히 기대하는 바대로 이 책에 담긴 심오함은 간단명료함이라는 옷을 입고 있다.
윌리엄 에드가 필라델피아 웨스트민스터 신학교 변증학 교수

전제주의적 변증학(예루살렘)과 바울의 아레오바고 논증(문자적으로 아테네) 간에 대체 무슨 상관이 있는가? 프레임이 내놓은 답은 우주(자연세계)와 양심(인간 본성) 안에서 살아 계신 하나님의 증거를 발견하는, 간명하고도 아름다운 필치의 성경적 논증이다. 성경은 어떤 주장을 뒷받침하려면 둘 이상의 증인이 필요하다고 하는데, 프레임은 여기서 창조질서와 우리 자신이라는 증인들에게 새롭게 귀 기울이라고 우리를 초대한다. 나는 특별히 자연을 통해 하나님의 유일하심과 위대하심과 선하심과 임재를 변론하는 장들을 흥미롭게 읽었다.
케빈 J. 밴후저 트리니티 복음주의 신학교 조직신학 연구교수

진지하게 믿는 사람이라면 당연히 자연신학에도 적절한 관심을 기울일 것이라 말한다. 저자가 적절하게 요약하는 것처럼 자연신학 즉, 자연과 양심을 통해 주어지는 하나님의 존재와 속성 그리고 인간에 대한 지식은 성경을 통해 주어지는 특별계시의 선행조건이자 전제가 된다. 물론 저자가 거듭 말하듯이 불신자들은 이러한 자연계시와 자연신학을 억누르고 거부하고 왜곡한다. 하지만 신자들에게 자연신학은 특별계시의 빛 아래 새로운 의미와 중요성을 갖는다. 자연신학의 진면목을 깨달은 사람은 감탄과 감사 가운데 참된 예배와 경건을 향해 한 걸음 더 나아가기 때문이다. 이 책은 성경, 자연, 양심이 얼마나 서로서로를 견고하게 세워주는지 매우 쉽고도 정교하게 서술하고 있다. 한번 읽기 시작하면 다 읽을 때까지 눈을 떼지 못할 만큼 흥미로운 책이다.
우병훈 고신대학교 신학과 교수, 『기독교 윤리학』 저자

우리가 주변 세상의 모든 영역에서 날마다 하나님의 살아 계심에 대한 증거를 발견할 뿐만 아니라 우리 내면의 조용한 양심의 증거를 통해서도 하나님을 인식하도록 어떻게 성경이 우리를 인도하는지를 정확하게 제시하는, 한 마디로 눈을 뜨게 해주는 책이다. 존 프레임의 모든 글이 그렇듯 이 책 역시 명료하고 통찰력 있으며 지혜롭고 가차 없이 성경에 충실하다.
웨인 그루뎀 피닉스 신학교 신학/성경학 교수

벌겋게 충혈된 눈으로 다시금 (특별계시의 도움 없이 신에 관한 지식을 인간 이성과 경험에 의존하려는) 토미즘 자연신학에 몰두하는 현 세태 속에서 존 프레임은 하나님과 창조세계에 대한 명료한 혜안을 제시하고자 이 책을 썼다. 그는 우리가 반드시 성경이라는 안경을 통해 창조세계 속에서 하나님을 발견해야 한다고 주장한다. 이 간명한 책은 모든 이가 쉽게 접근할 수 있을 뿐만 아니라 가장 중요하게는 그 지향점이 지극히 성경적이다. 프레임이 강조하는 바는 그 어느 때보다 완벽하게 시의적절하다.
K. 스코트 올리핀트 필라델피아 웨스트민스터 신학교 변증학/조직신학 교수

이 책은 자연이 어떻게 하나님을 증거하는가에 관한 탁월한 연구서다. 자연의 증거를 성경에 의존하여 가르침으로써 독립적으로 하나님을 찾으려는 시도에 내재된 어려움을 피한다. 이 책은 인간 본성 특히 양심의 증거에도 관심을 둔다. 내용 그 자체로도 유익하지만, 성경과 독립적인 척하길 원하지 않는 이들이 어떻게 자연의 증거를 제대로 이용할 수 있을지에 대한 방법을 제시한다.
번 포이트레스 필라델피아 웨스트민스터 신학교 신약해석학 교수

이 책은 복음주의권에서 소외되었던 '자연신학'을 성경의 관점으로 재조명하고 있다. 칼 바르트와 에밀 브루너의 유명한 '자연신학' 논쟁 덕분에 자연신학과 일반계시로는 구원에 이를 수 없다는 인식이 퍼졌고, 성경을 사랑하는 사람들은 자연신학에 대해 큰 가치를 두지 않았다. 그러나 존 프레임은 로마서 1장 20절 말씀을 통해 하나님의 창조와 인간의 양심 안에 계시된 분명한 하나님의 흔적을 나타내는 '성경적 관점의 자연신학'을 재조명한다.

특히 존 프레임은 유명한 삼관점적 인식론을 이 책에서도 활용한다. 하나님의 말씀을 '규범적 관점'으로, 창조에 나타난 자연계시를 '상황적 관점'으로, 인간의 양심을 통한 인식을 '실존적 관점'으로 제시한다. 창조에 나타난 상황적 관점과 양심에 나타난 실존적 관점은 결국 규범적 관점인 성경을 통해서만 완성될 수 있기에, 자연과 양심은 하나님의 영광을 나타낸다는 것을 증명하면서 또한 하나님을 거부하는 인간의 모순을 드러내주고, 규범적 관점인 하나님의 말씀이 필요하다는 인식을 갖게 만든다. 상황적 관점과 실존적 관점에 따른 분명한 하나님에 대한 인식은 규범적 관점인 성경으로 우리를 초대하는 초대장임을 증거한다.

단순히 일반계시는 구원에 이를 수 없다는 생각만을 가지고 있었던 나에게 존 프레임은 새로운 시각을 열어주었다. 자연계시는 구원에 이르게 할 수는 없지만 하나님의 분명한 영광을 드러내주고, 또한 인간에게 절실히 하나님의 말씀과 하나님이 필요하다는 것을 깨닫게 해주는 중요한 도구가 된다. 이런 존 프레임의 방식은 포스트 모던 시대에 어떻게 복음을 상황화할 수 있을지를 고민하는 많은 사람들에게 한 줄기 빛을 비춰주는 것 같다. 누구나 알고 있는 자연과 양심으로부터 시작하여 그들의 모순을 드러내주고, 그들이 궁극적으로 찾는 갈망이 결국 하나님임을 증명하는 이 책은 전제주의 변증의 아름다움과 탁월함을 보여준다. 이 책을 통해 자연과 양심 속에 숨길 수 없는 하나님의 찬란한 영광이 있음을 고백하게 되고 또한 믿지 않는 사람들과 어떻게 소통할 수 있는지를 배우게 될 것이다. "하나님 아는 것을 대적하여 높아진 것을 다 무너뜨리고 모든 생각을 사로잡아 그리스도에게 복종하게 하니"(고후 10:5).

고상섭 그사랑교회 담임목사, CTCKorea 강사

이 책은 성경적이며 개혁주의적인 자연신학을 멋지게 복권(復權)시키고 있다. 교부시대로부터 종교개혁기에 이르기까지 신학의 역사 속에서는 '성경적 자연신학'의 가능성과 내용이 늘 인정되어 왔다. 하지만 1930년대 바르트-브루너 논쟁 이후 복음주의와 개혁주의 진영은 자연신학을 거의 무시하게 되었다. 하지만 이 책은 성경 자체가 자연신학이 가능함을 말해 주기에, 성경을

프란시스 A. 쉐퍼를 추억하며

목차

프롤로그 11

1부 창조세계의 증거

1장 위대성 35

2장 유일성 47

3장 지혜 59

4장 선하심 73

5장 임재 85

2부 인간 본성의 증거

6장 화인 맞은 양심 107

7장 고발하는 양심 121

8장 깨어난 양심 129

9장 선한 양심 139

에필로그 145

부록: 자연법에 관한 네 장의 편지 151

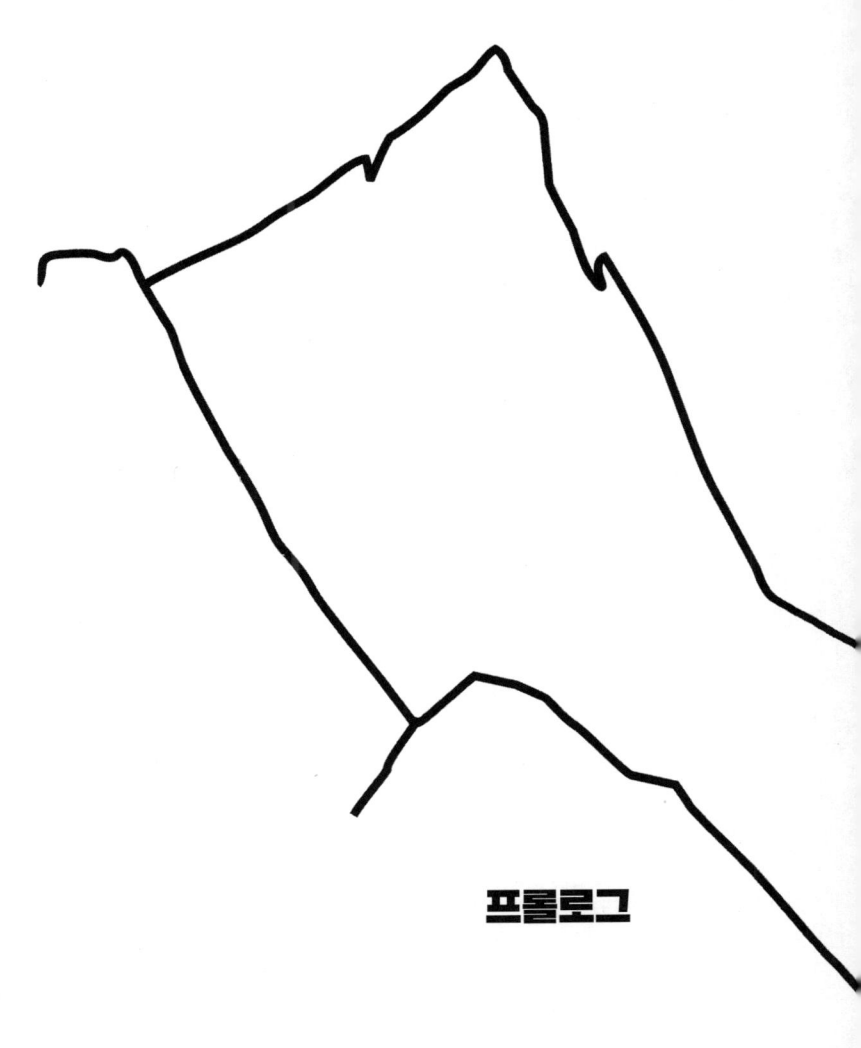
프롤로그

이 책의 주제는 '자연신학'이라고 말할 수 있다. '자연신학'이라는 표현은 전통적으로 성경 밖의 계시를 통해 하나님에 대해 배우려는 시도를 의미한다. 토마스 아퀴나스의 저술에서도 드러나듯 자연신학은 역사적으로 중요한 학문 분야였지만 근래 들어 그 위신이 현저히 추락했다. 에밀 브루너가 이 학문에 대해 다소 온건한 옹호론을 발표했을 때 칼 바르트는 단칼에 '그렇지 않다'라는 천둥과도 같은 일성으로 반박했다.[1] 그 후로 이 주제에 접근하려는 사람은 누구든 먼저 그 타당성에 관한 논증부터 제시해야만 했다. 이 요구는 특히 내가 몸담은 전제주의적[2] 변증

---

1   이 교류는 책으로 출판되었다. *Natural Theology: Comprising "Nature and Grace" by Professor Dr. Emil Brunner and the Reply "No!" by Dr. Karl Barth* (Eugene, OR: Wipf and Stock, 2002).

2   전제주의적 변증학은 개혁파 신학자 코넬리우스 반틸이 주창한 기독교 변증학의 방법론으로 기독교의 믿음이 이성적 사고를 위한 유일한 기초라고 믿으며 이를 대전제로 삼아 이후의 논증을 펼친다.

학 presuppositional apologetics 학자들을 무겁게 짓누른다.

자연신학을 반대하는 이유들을 살펴보면 거기에는 타당한 측면이 있다. 칼 바르트의 반대는 모든 계시를 기독론을 중심으로 해석하려는 그의 독특한 관점에서 비롯된 것이지만[3] 바르트보다 더 전통적이고 정통적인 (말그대로 성경이 계시하는 그리스도에 온전히 충실하려는) 개신교도들도 자연신학을 배척할 소지가 있다. 이들은 도대체 어떻게 '성경의 도움 없이'(자연신학이라는 이름으로) 하나님은 고사하고 무언가를 알려고 시도하는지 반문한다. 자연신학에 뛰어드는 사람들을 마치 화학 강좌의 필독 도서 목록을 깡그리 무시한 채 자기 머릿속 지식으로만 시험 답안지를 작성하려는 학생 정도로 간주할지 모른다. 성경은 단지 하나님에 관한 '중요한' 지식만을 제공하는 책이 아니다. 성경은 어떤 의미에서는 개신교 신학자들이 입버릇처럼 말하듯, 우리가 하나님에 관해 알아야 할 '모든' 지식을 알려주기에 '충분하다.' 그래서 종교개혁의 모토가 솔라

---

3 나의 책 *A History of Western Theology and Philosophy* (Phillipsburg, NJ: P&R, 2015), 364-383을 보라.

스크립투라$^{\text{sola Scriptura}}$ 즉 '오직 성경'이었던 것이다.

그러므로 개신교도들에게는 자연신학이 '오직 성경'이라는 원칙을 거스르는 학문 분야처럼 보일 수 있다. 그러나 '오직 성경'이라는 원칙은 우리가 창조세계에서 하나님에 관한 지식을 탐구하는 것을 금하지 않는다. 오히려 성경 자체가 우리에게 알려주는 바는, 하나님은 만유 안에 계시므로 (인간이 성경을 통해 하나님의 말씀을 들어야 하는 것은 물론이고) 만유 안에서 드러나는 그분의 계시에도 귀를 기울이고 순종해야 하는 의무가 있다는 것이다.

자연신학과 변증학

자연신학에 대한 반대와 이러한 반대에 대한 반응은 전제주의적 변증학에 구체적으로 적용될 만하다. 변증은 불신앙에 반응하는 기독교인의 활동이다("너희 속에 있는 소망에 관한 이유를 묻는 자에게는 대답할 것을 항상 준비하되," 벧전 3:15). 코넬리우스 반틸이 계발한 전제주의적 변증학은 유독 논증이 성경에 종속되는 것에 천착한다. 성경 안에 있는 하나님의 계시는 모든 인간 사유 및 논증의 기본 '전제'presupposition가 되어야 하고, 그러므로 성경에 위배되는 논증은 그 자체로 유효성의 근거를 상실한다.[4] 그러나 다시 말하지만 성경 자체가 우리에게 창조세계로 시선을 돌려 그 안에서 창조주의 흔적을 보라고 종용한다. 우리의 전제인 성경이 하나님이 지으신 세상과 그분의 형상인 우리 자신을 돌아보라고 촉구하는 것이다(창 1:27).

그래서 자연신학에 대한 나의 변론은 단순하다. 성경이 말하는 바에 따르면, 하나님은 단지 성경 안에서 자신을 나타내실 뿐만 아니라 그분이 창조하신 만물에도 그 흔적을 나타내신다는 것이다. 이는 시편 19편과 로마서 1장에서 특히 분명하게 선포되고 있다.

하늘이 하나님의 영광을 선포하고

---

[4] 전제주의적 변증에 관해서는 Cornelius Van Til, *Christian Apologetics* (Phillipsburg, NJ: P&R, 2003); Greg Bahnsen, *Van Til's Apologetic* (Phillipsburg, NJ: P&R, 1998); John Frame, *Apologetics: A Justification of Christian Belief* (Phillipsburg, NJ: P&R, 2015)을 참조하라.

궁창이 그의 손으로 하신 일을 나타내는도다
날은 날에게 말하고
밤은 밤에게 지식을 전하니
언어도 없고 말씀도 없으며 들리는 소리도 없으나
그의 소리가 온 땅에 통하고
그의 말씀이 세상 끝까지 이르도다(시 19:1-4).

하나님의 진노가 불의로 진리를 막는 사람들의 모든 경건하지 않음과 불의에 대하여 하늘로부터 나타나나니 이는 하나님을 알 만한 것이 그들 속에 보임이라 하나님께서 이를 그들에게 보이셨느니라… 창세로부터 그의 보이지 아니하는 것들 곧 그의 영원하신 능력과 신성이 그가 만드신 만물에 분명히 보여 알려졌나니 그러므로 그들이 핑계하지 못할지니라 하나님을 알되 하나님을 영화롭게도 아니하며 감사하지도 아니하고 오히려 그 생각이 허망하여지며 미련한 마음이 어두워졌나니(롬 1:18-21).

이 본문들이 우리에게 알려주는 바는 우리와 함께 하

시는 하나님의 임재를 벗어나는 것, 즉 하나님을 가리키는 증거를 벗어나기란 불가능하다는 것이다. 창조주는 그분이 창조하신 세상에 자신의 흔적을 남겨두셨다. 물론 앞의 두 번째 본문은 하나님께 반역하는 자들("불의로 진리를 막는 사람들")을 겨냥한 것이기에 사뭇 부정적이다. 그러나 반역자들조차 하나님을 분명하게 알고 있다는 사실은 그들의 불신앙과 반역이 전적으로 그들 자신의 책임이라는 결론에 힘을 실어 준다. 심지어 그들의 지식은 단지 하나님에 '관한'about 사실들을 아는 것에 그치지 않음을 주목하라. 21절은 그 표현이 매우 인격적이어서 그들이 '실제로' 하나님을 알고 있었다는 의미를 전달한다. 그들은 하나님을 인격적으로 알고 있었다. 물론 그 관계는 친구가 아닌 대적이긴 했지만 말이다. 하나님에 대한 그들의 지식은 단순히 정확한 것을 넘어 내밀하고 깊이 있는 것이었다.

> 성경 스스로도 자연계시에 관해 말하고 있으며 '자연' 지식이 '구원에 이르게 하는' 지식에 대한 일종의 선행 조건 혹은 머리말인 것처럼 언급한다.

앞에서 인용된 성경 본문들은 하나님에 대한 '보편적인' 지식을 말하고 있다. 성경을 읽지 않더라도 누구나 하나님을 알고 있으며 따라서 믿지 않는 자들은 자신들의 불신앙에 책임을 져야 함을 강조한다.

그런데 이 (하나님에 대한 보편적인) 지식이란 어떤 종류인가? 어떤 식으로 작동하는가? 이 지식은 어떻게 우리 속으로 들어오는가? 성경은 이에 관해 세세하게 설명하지 않는다. 바울이 로마서 1장에서 지적하듯 (자연계시 또는 일반계시라고 부르는) 이 성경 밖 계시가 사람들을 '당연하게' 신자로 만들어 주지 않기 때문이며, 성경이야말로 그 주된 관심사가 구원에 있기 때문이다. 타락한 인간은 자연계시를 접하면 이를 "막아버린다." 그러므로 구원의 메시지는 다른 곳으로부터 임해야 한다. 하나님은 또다른 형태의 계시, 즉 그리스도에 관한 복음 선포를 통해 우리를 죄로부터 구원하신다(롬 10:14-17). 우리의 반역을 잠재우고 회개와 믿음으로 이끄는 것은 복음 선포이다. 그러므로 자연계시의 영향은 '우리를 죄에서 구원하는 것'과는 일정 정도 무관하다. 자연계시는 우리를 '구원에 이르게 하는' 하나님에 관한 지식으로서는 충분하지 않다.

그렇더라도 자연계시와 관련된 논의를 여기서 그칠 수는 없다. 자연계시는 성경의 중심 메시지와 전혀 무관하다고 말할 수는 없기 때문이다. 성경 스스로도 자연계시에 관해 말하고 있으며 '자연' 지식이 '구원에 이르게 하는' 지식에 대한 일종의 선행 조건 혹은 머리말인 것처럼 언급한다. 바울은 사도행전 14:15-18에서 자신과 바나바에게 제사를 드리려고 하던 무리를 제지하면서 이 자연계시를 언급한다.

> 이르되 "여러분이여 어찌하여 이러한 일을 하느냐 우리도 여러분과 같은 성정을 가진 사람이라 여러분에게 복음을 전하는 것은 이런 헛된 일을 버리고 천지와 바다와 그 가운데 만물을 지으시고 살아 계신 하나님께로 돌아오게 함이라 하나님이 지나간 세대에는 모든 민족으로 자기들의 길들을 가게 방임하셨으나 그러나 자기를 증언하지 아니하신 것이 아니니 곧 여러분에게 하늘로부터 비를 내리시며 결실기를 주시는 선한 일을 하사 음식과 기쁨으로

여러분의 마음에 만족하게 하셨느니라" 하고 이렇게 말하여 겨우 무리를 말려 자기들에게 제사를 못하게 하니라.

사도행전 17장 22-31절에서 바울은 하나님의 기록된 계시에 관한 지식이 일천한 무리에게 선포하면서 이 자연 계시를 설교 본문으로 사용한다.

바울이 아레오바고 가운데 서서 말하되 "아덴 사람들아 너희를 보니 범사에 종교심이 많도다 내가 두루 다니며 너희가 위하는 것들을 보다가 알지 못하는 신에게라고 새긴 단도 보았으니 그런즉 너희가 알지 못하고 위하는 그것을 내가 너희에게 알게 하리라 우주와 그 가운데 있는 만물을 지으신 하나님께서는 천지의 주재시니 손으로 지은 전에 계시지 아니하시고 또 무엇이 부족한 것처럼 사람의 손으로 섬김을 받으시는 것이 아니니 이는 만민에게 생명과 호흡과 만물을 친히 주시는 이심이라 인류의 모든 족속을 한 혈통으로 만드사 온 땅에 살게 하시고 그들의 연대를 정하시며 거주의 경계를 한정하셨으니 이는 사람으로 혹 하나님을 더듬어 찾아 발견하게 하려 하심이로되 그는 우리 각 사람에게서 멀리 계시지 아니하도다 우리가 그를 힘입어 살며 기동하며 존재하느니라 너희 시인 중 어떤 사람들의 말과 같이 우리가 그의 소생이라 하니 이와 같이 하나님의 소생이 되었은즉 하나님을 금이나 은이나 돌에다 사람의 기술과 고안으로 새긴 것들과 같이 여길 것이 아니니라 알지 못하던 시대에는 하나님이 간과하셨거니와 이제는 어디든지 사람에게 다 명하사 회개하라 하셨으니 이는 정하신 사람으로 하여금 천하를 공의로 심판할 날을 작정하시고 이에 그를 죽은 자 가운데서 다시 살리신 것으로 모든 사람에게 믿을 만한 증거를 주셨음이니라" 하니라.

바울은 여기서 성경을 인용하지 않지만 그렇다고 성경이라는 기본 전제를 배제하지도 않았다. 바울은 성경이 말하는 바, 자연으로부터 모든 사람이 알게 되는 내용을 언급한 후에, 공의의 심판자이자 죽은 자 가운데서 부활하신 주 예수를 선포한다. 바울의 선포를 듣는 무리는 비록 성경을 알지 못하지만 자신들을 둘러싼 세계에 대해서는 잘 아는 사람들이었다. 바울은 세상을 이해하고자 애쓰는 그들의 탐구 노력을 인정한다. 그러나 바울은 성경이라는 기본 전제에서 벗어나지 않는다. 그는 실제로 성경을 인용하지 않으면서도 무리에게 세상에 대한 성경의 해석을 제공한다. 실로 성경은 우리에게 하나님에 관한 진리뿐만 아니라 온 세상에 대한 진리마저 알려준다. 바울이 후에 성경에 대해 "하나님의 사람으로 온전하게 하며 모든 선한 일을 행할 능력을 갖추게 하려 함이라"(딤후 3:17)고 말한 근거도 이 때문이다. 성경은 하나님과 세상 및 우리 자신, 곧 만유에 대한 중요한 것들을 알려준다.

이 책은 자연신학에 대해 다루지만 성경을 배제하지 않는다. 오히려 성경의 방식으로 자연을 이해하고자 한다. 이 책은 성경이 말하는 바를 토대로 자연에서 하나님에 대해 배울 수 있는 진리를 독자에게 알려준다. 그러므로 이는 단순한 자연신학이 아니라 '성경적' 자연신학이다. 이 책에서 내가 소망하는 바는, 바울이 아테네인들에게 했듯 성경적 세계관에서 출발하여 독자가 자연에 관해 믿

> 이는 단순한 자연신학이 아니라 '성경적' 자연신학이다.

어야 하는 바를 (그리고 어떻게 자연 속에서 하나님을 찾을 수 있는지를) 알리는 것이다.

사도행전 17장에서 아테네인들에게 행한 선포와 동일하게, 바울이 로마서 1장에서 개진한 자연계시 담론은 '그리스도로 말미암는 구원'을 가능케 하는 은혜의 필요성을 강조하는 논증의 토대가 된다. 로마서 1장에서 바울은 이방인들이 그들에게 있는 하나님에 대한 지식을 거슬러 반역한다고 말하고, 2장에서는 유대인 역시 피장파장이라고 말한다. 유대인은 자연뿐만 아니라 성경을 통해서도 하나님을 알지만 그들 역시 하나님을 거슬러 반역했기 때문이다. 이방인과 유대인이 합하여 온 인류를 이루므로 "의인은 없나니 하나도 없도다"(3:10)가 성립한다. 율법을 온전히 지킨 인간이 없기에 어떤 인간도 행위를 기반으로 하나님이 자신을 구원하실 것을 감히 기대할 수 없다. 바울은 이렇게 선포한다. "우리가 알거니와 무릇 율법이 말하는 바는 율법 아래에 있는 자들에게 말하는 것이니 이는 모든 입을 막고 온 세상으로 하나님의 심판 아래에 있게 하려 함이라"(롬 3:19).

그런데 율법의 행위로는 누구도 구원 받을 자가 없다면 우리에게 소망이 전혀 없다는 말인가? 바울은 다음 대목에서 공들여 이 의문점에 답변한다.

이제는 율법 외에 하나님의 한 의가 나타났으니 율법과 선지자들에게 증거를 받은 것이라 곧 예수 그리스도를 믿음으로 말미암아 모든 믿는 자에게 미치는 하나님의 의니 차별이 없느니라 모든 사람이 죄를 범하였으매 하나님의 영광에 이르지 못하더니 그리스도 예수 안에 있는 속량으로 말미암아 하나님의 은혜로 값없이 의롭다 하심을 얻은 자 되었느니라 이 예수를 하나님이 그의 피로써 믿음으로 말미암는 화목제물로 세우셨으니 이는 하나님께서 길이 참으시는 중에 전에 지은 죄를 간과하심으로 자기의 의로우심을 나타내려 하심이니.

그러므로 로마서 1-3장은 서로 연결되는 논증이다. 이방인뿐 아니라 유대인마저 하나님께 반역했으므로 하나님의 선물인 그리스도를 믿음으로 받는 것 외에는 소망이 없다는 것이다. 바울이 1장에서 이방인의 죄를 고발하며 언급했던 자연계시가 이 논증 전체의 출발점인 셈이다.

자연계시와 인간 본성

따라서 자연계시는 매우 중요하며, 심지어 죄인을 구원하는 사안에서도 예외가 아니다. 비록 자연이 그 자체로 그리스도의 복음을 선포하지 않지만, 그 복음의 전제이자 토대 역할을 하기 때문이다. 그리고 자연은 죄의 실상을 오롯이 보여줌으로써 복음의 필요성이 제기되도록 만든다. 그러나 자연계시가 '어떻게' 우리의 죄를 고발하는가? 자연계시가 '어떻게' 우리의 반역에 대해 핑계할 여지가 없도록 만드는가?(롬 1:20) 나는 이 책에서 그에 대한 답을 구하고자 한다.

그리스도를 믿는 신자에게도 자연계시는 중요하다. 그렇다고 해서 시편 19편 1절에 담긴 경탄의 표현이 불신자에게 불가능한 것은 아니다. 단지 우리는 대개 불신자가 그런 식의 경이감을 표현하리라 기대하지 않는다. 신자의 눈으로 바라보는 자연, 곧 창조세계는 하나님이 실존하시며 만유가 하나님의 영광을 드러낸다는 놀라운 증거로 작용한다. 물론 여기서 '자연'에는 인간 본성이 포함된다. 우리 자신도 하나님이 창조하신 세상의 일부이기 때문이다. 하나님이 우리를 그분의 형상대로 지으셨기에(창 1:27) 우리 자신을 찬찬히 들여다보면 하나님에 대해 무언가를 배울 수 있다는 사실은 전혀 뜻밖의 일이 아니다.

> 내가 주께 감사하오믄 나를 지으심이 심히 기묘하심이라 (시 139:14).

> 주의 손가락으로 만드신 주의 하늘과
> 주께서 베풀어 두신 달과 별들을 내가 보오니
> 사람이 무엇이기에 주께서 그를 생각하시며
> 인자가 무엇이기에 주께서 그를 돌보시나이까
> 그를 하나님보다 조금 못하게 하시고

영화와 존귀로 관을 씌우셨나이다

주의 손으로 만드신 것을 다스리게 하시고

만물을 그의 발 아래 두셨으니(시 8:3-6).

그러므로 우리는 이 책에서 일반적인 자연에서 뿐만 아니라 인간의 본성에서 하나님에 대해 배울 수 있는 내용도 살펴볼 것이다. 인간 본성에 관한 나의 연구는 옳고 그름을 아는 수단, 그러니까 도덕법moral law의 제공자를 아는 중요한 수단인 양심에 초점이 맞춰져 있다. 과거의 논의 덕분에 우리는 계시를 세 가지 관점에서 논의할 수 있다. 나의 소중한 벗, 번 포이트레스 박사와 나는 다른 책들에서 인간 지식을 바라보는 세 가지 관점을 다루었다.[5] 규범적 관점을 취할 때 우리는 지식 획득을 위한 규범 또는 규정에 초점을 맞춘다. 상황적 관점을 취할 때 우리

---

[5] 나의 책 *Doctrine of the Knowledge of God*(Phillipsburg, NJ: P&R, 1987); *Theology in Three Dimensions*(Phillipsburg, NJ: P&R, 2017); 그리고 Vern S. Poythress, *Symphonic Theology*(Grand Rapids: Zondervan, 1987)과 *Knowing and the Trinity: How Perspectives in Human Knowledge Imitate the Trinity*(Phillipsburg, NJ: P&R, 2018)을 참조하라.

는 우리의 목표가 알고 이해하는 것이라는 사실에 초점을 맞춘다. 그리고 실존적 관점을 취할 때 우리는 아는 자로서의 우리 자신에 초점을 맞춘다. 우리의 '삼중 관점주의'tri-perspectivalism에 관심이 있는 사람이라면 이 책을 상황적('자연') 그리고 실존적('인간 본성') 관점에 초점을 둔 것으로 볼 수 있을 것이다. 이에 상응하여 사상의 궁극적 규범인 성경 계시 자체에 초점을 맞추는 규범적 관점에 대해서는 독자들이

> 우리는 자연에서 뿐만 아니라 인간의 본성에서 하나님에 대해 배울 수 있는 내용도 살펴볼 것이다.

〈21세기에 하나님을 믿는다는 것〉이라는 나의 설교집을 찾아보기를 권한다.[6] 그 설교들과 이 책을 종합하면 세 가지 관점의 하나님 변론, 즉 삼중의 관점으로 이루어지는 변증에 대한 통찰을 얻을 수 있다.

이 책에서 나의 가장 중요한 목표는 하나님이 지으신 세상에서 드러나는 하나님의 영광을 전면에 부각함으로

---

6 또한 John Frame, *Selected Shorter Writings*, Vol. 2 (Phillipsburg, NJ: P&R), 151-75, 188-197을 보라.

써 독자들이 "하늘이 정말로 하나님의 영광을 선포하며 궁창이 그의 손으로 하신 일을 나타낸다"는 시편 기자의 경탄에 전심으로 공감하게 되는 것이다. 이 책에서 내가 강조할 주제 한 가지는 바울이 로마서 1장에서 역설한 자연계시의 '명료함'이다. 명료한 계시만이 우리에게 핑곗거리를 남겨두지 않기 때문이다. 그래서 이 책은 자연계시의 '자명함'에 초점을 맞출 것이다. 많은 신학과 변증학 서적들은 아주 복잡하게 설명하는 탓에 독자들로 하여금 대단히 똑똑하고 유식한 사람들만 자연계에서 하나님을 발견할 수 있다고 결론 짓게 만든다. 그러나 로마서 1-3장에서 자연계시는 '모든 사람'을 유죄로 만든다. 어떻게 그럴 수 있는가? 이 질문이 논의가 촉발된 동기였다.

이 책이 누군가에게 하나님이 자연 세계 속에 분명하게 임재하신다는 것을 설득한다면 그는 하나님이 지으신 모든 것 속에서 하나님의 영광을 보는 놀라운 시야를 얻게 될 것이다. 이로 인해 믿지 않던 이들이 예수를 믿게 되고 이미 믿는 사람들의 믿음이 굳건해지기를 소망한다.

1부

창조세계의 증거

하나님의 실존하심에 대한 증거를 찾고자 자연계를 고찰할 때, 우리는 과연 어디에서 출발해야 하는가? 우리가 자연을 고찰할 때는 우리 자신의 논증력을 동원해 독립적으로 접근해서는 안 되며 반드시 성경 속 하나님의 계시를 토대로 접근해야 한다. 1부에서 나는 하나님이 지으신 세상 속에서 하나님을 발견하는 일에 관해 '성경이 말하는 바'가 무엇인지 먼저 물을 것이다.

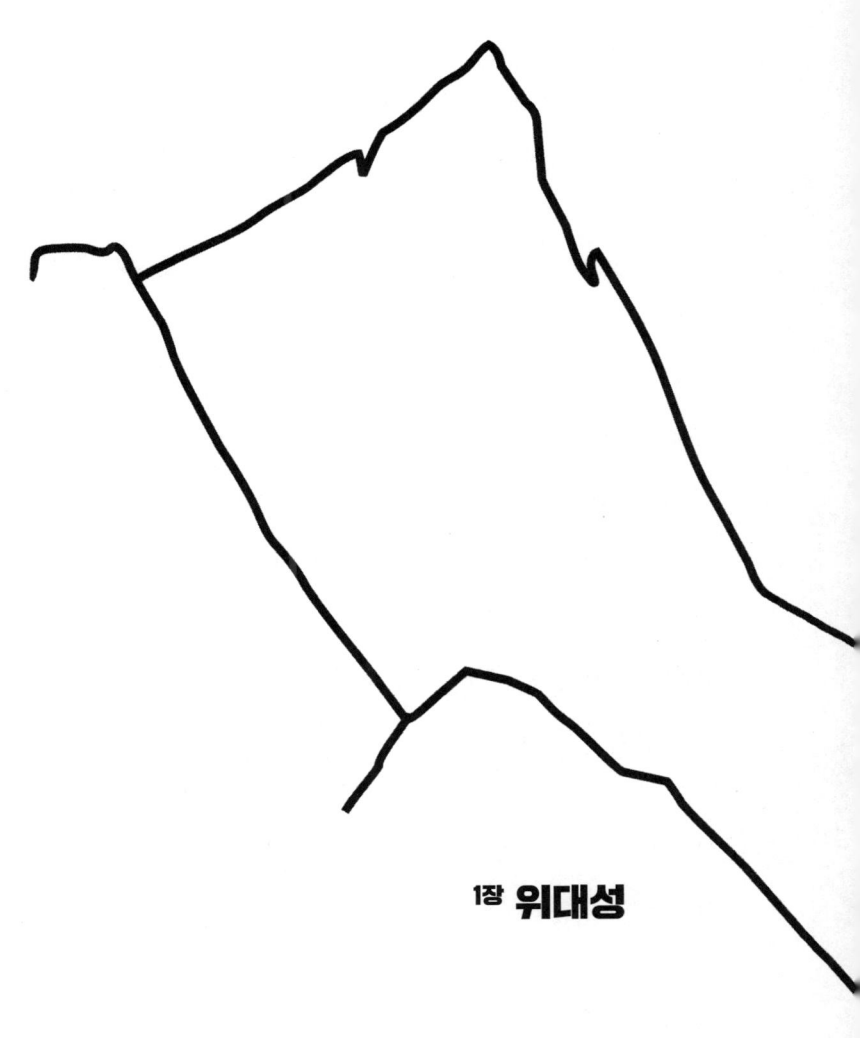

1장 **위대성**

여호와 우리 주여

주의 이름이 온 땅에 어찌 그리 아름다운지요

주의 영광이 하늘을 덮었나이다

주의 대적으로 말미암아 어린 아이들과

젖먹이들의 입으로 권능을 세우심이여

이는 원수들과 보복자들을 잠잠하게 하려 하심이니이다

주의 손가락으로 만드신 주의 하늘과

주께서 베풀어 두신 달과 별들을 내가 보오니

사람이 무엇이기에 주께서 그를 생각하시며

인자가 무엇이기에 주께서 그를 돌보시나이까

그를 하나님보다 조금 못하게 하시고

영화와 존귀로 관을 씌우셨나이다

주의 손으로 만드신 것을 다스리게 하시고 만물을 그의

발 아래 두셨으니 곧 모든 소와 양과 들짐승이며 공중의

새와 바다의 물고기와 바닷길에 다니는 것이니이다

여호와 우리 주여

주의 이름이 온 땅에 어찌 그리 아름다운지요

시편 8편

하나님의 실존을 가리키는 자연계의 가장 명료한 증거 중 하나는 그 크기 자체다. 땅과 하늘 모두 우리의 시야가 닿는 곳 너머로 끝 모르게 펼쳐져 있다. 우리는 형언할 수 없이 거대한 무언가의 한복판에 살고 있다. 이 위대성은 하나님의 실존을 알게 하는 확연한 흔적이다. 임마누엘 칸트는 신이 존재한다는 전통적 증거들은 거부했지만 (여기서 살펴보려는) "저 위의 별들이 있는 궁창"과 (차차 살펴볼) "내면의 도덕법"에는 경외감을 드러냈다.[7] 블레즈 파스칼은 1560년대에 쓴 글에서 우리가 직면한 이 위대성의 충격에 대해 보다 심오한 표현을 동원했다.

그렇다면 사람이 그 시선을 주변의 낮은 것에서 돌려 자

---

[7] Immanuel Kant, *Critique of Practical Reason*, trans. Lewis White Beck, 3rd. : : ed. (New York: Macmillan, 1993), 169.

연 전체를 온전하고 거대한 웅장함 속에서 상고하게 하라. 그가 우주의 영구적 조명등처럼 박혀 있는 찬란한 광명체들을 응시하게 하라. 태양이라는 거대한 원에 비하면 지구는 하나의 점으로 보일 것이다. 그리고 그가 이 광대한 원이 그 광명체 주위를 공전하는 별들로 이뤄진 세계에 비하면 또한 극미한 점이라는 사실에 놀라움을 금치 못하게 하라. 그러나 만약 우리의 관점이 거기에 제한된다면 다시 그 너머로 상상의 나래를 펼치게 하라. 우리의 상상력은 자연이 제공하는 소재를 관념화하는 데 조만간 한계에 봉착하게 될 것이다. 가시적 세계 전체는 거대한 자연의 품 안의 보이지 않는 원자에 불과하다. 어떤 관념도 그 실체에 근접할 수 없다. 상상을 초월하는 공간으로 우리의 관념을 확장해도 사물의 실체에 비하면 관념은 단지 원자들만을 담은 것이다. 이는 그 중심이 도처에 있고 그 둘레는 어디에도 없는 무한한 세계다. 간단히 말해 이는 하나님의 전능하심을 드러내는

> 우리는 형언할 수 없이 거대한 무언가의 한복판에 살고 있다. 이 위대성은 하나님의 실존을 알게 하는 확연한 흔적이다.

가장 위대한, 감지할 수 있는 표식이며, 우리의 상상력은 생각만으로도 길 잃은 미아가 되고 만다.[8]

파스칼은 우주에 대한 지식이 증폭하던 우리와 동시대의 과학자였다. 그러나 그는 우주와 비교할 때 우리가 얼마나 작은 존재인지만 본 게 아니라 미시 세계와 비교할 때 우리가 얼마나 거대한 존재인지도 보았다. 〈팡세 72〉는 이 논의를 계속 이어간다.

그러나 그에게 똑같이 감탄스러운 또 다른 불가사의를 보여주려면 그가 아는 가장 세미한 것을 들여다보게 하라. 진드기 한 마리를 주고 그 미미한 몸체와 또 비할 데 없이 더 미미한 신체 부위와 관절이 있는 수족과 수족 속의 혈관과 혈관 속에 흐르는 피와 핏속의 체액과 체액 속의 물방울과 물방울 속의 수증기를 보게 하라. 다시 이 마지막 것들을 분할하여 그의 관념화의 능력의 한계에 봉착하게

---

[8] Pascal, *Pensées*, 72. https://www.gutenberg.org/files/18269/18269-h/18269-h.htm.

하라. 그가 도달한 마지막 물체를 우리의 논의 대상으로 삼아보자. 어쩌면 그는 여기, 자연의 가장 작은 지점에 도달했노라고 생각할지도 모른다. 그러나 나는 그 안에 또 다른 심연이 있음을 그에게 보일 것이다. 나는 그에게 가시적 우주뿐만 아니라 이 우주의 축소판인 원자의 자궁 속에 깃든 자연의 위대함에 관해 생각할 수 있는 모든 것을 그에게 그려 보일 것이다. 그가 그 안에서 우주의 무한성을 보고 그 각각이 나름의 궁창과 행성과 지구를 가시적 세계와 동일한 비율로 품고 있음을 보게 하라. 그는 진드기 속에 지구의 각 짐승이 가지고 있는 모든 것이 들어 있음을 발견할 것이고, 이 다양한 것들 속에 동일한 것들이 끝도 없이 들어 있음을 발견할 것이다.[9]

그러므로 파스칼은 인류를 두 무한대, 즉 상상을 불허하는 거대한 세계와 세미한 세계의 수렴으로 보았다.

자연 속에서 인간의 실체는 무엇인가? 인간은 무한과 비

---

9 같은 책,

교하면 아무것도 아닌 무^{無}이며 무와 비교하면 모든 것이다. 인간은 무^{無}와 모든 것 사이의 중간이다. 인간이 극한의 이해에 도달하기에는 그곳과 너무 먼 거리가 있기에 인간은 암담하다. 인간에게 사물의 끝과 시작은 간파할 수 없는 비밀로 감추어져 있다. 인간은 그의 창조가 비롯된 무^{無}와 그를 삼켜버리는 무한, 둘 다 볼 수 없다.

그렇다면 시작이나 끝을 알지 못한다는 영원한 절망 속에 있는 인간이 눈에 보이는 사물의 중간을 감지하는 것 외에 달리 무엇을 할 수 있는가? 만물은 무^{無}로부터 진행되어 무한을 향하여 간다. 이 기막힌 과정을 누가 추적할 수 있는가? 이 경이로움의 원저자는 그 과정을 헤아리신다. 그 외에 누구도 헤아리지 못한다.[10]

파스칼은 과학자였지만 이 대목에서는 과학적 전문 지식에 의존하고 있지 않다. 오히려 그는 자명하게 드러나는 것을 이야기하며 이에 대한 자신의 경탄을 표현하고 있다. 우리 중 누가 우리가 속한 세상의 위대성을, 즉 우리보다

---

10 같은 책.

큰 세상과 우리 속에도 있는 더 작은 것들의 광대함을 부인할 수 있겠는가?

버락 오바마는 "당신이 기업가라면 그 기업은 당신 혼자서 일구어낸 게 아니다. 그 일은 누군가 다른 사람들이 일어나게 한 것이다"라는 말을 했다.[11] 당시 오바마의 비판자들은 이 발언이 기업가들의 성취를 폄하한 것이라고 성토했고 지지자들은 비판자들이 맥락과 무관하게 발언을 인용했다고 반박했다. 맥락 속에서 보자면 오바마는 기업가들에게 그들이 사회 기반시설과 정부 지출에 의존하고 있음을 납득시키고자 한 것이었다. 그러나 분명한 건 정부 역시 의존적이라는 사실이다. 정부도 역사적 기원에 의존하고 집권을 가능하게 한 자들에게 의존하며 정권을 유지하고 권위를 정당화하는 제반 조건에 의존하고 있다.

마찬가지로 우리가 우주적 관점에서 우리의 성취를 생각해 보면 우리를 위해 베풀어진 것과 우리의 행위를 분리하기는 여간 어려운 일이 아니다. 우리가 생존할 수 있

---

11 버락 오바마의 2012년 7월 13일 버지니아주 로아노케 선거전 연설문에서 발췌. https://en.wikipedia.org/wiki/You_didn%27t_build_that (2018년 5월 25일에 접속함).

는 건 우리 위와 아래의 광대한 인과론적 연계망 덕분이다. 우리의 능력도 그렇고 우리의 성취도 그렇다. 베토벤이 위대한 교향곡들을 작곡할 수 있던 것은 그의 광대한 가계도 덕분이었고, 그의 선조들 모두가 지구의 공기를 호흡하고 씨와 비와 햇빛에서 먹고 마실 것을 공급 받아 생존할 수 있었기 때문이다. 베토벤에겐 적절한 유전자와 교육과 경험이 있었다. 그가 인생의 어느 시점

> 세상의 광대함을 감안할 때 사람들이 생계를 유지하고 성취를 이룬 것에 대한 공로를 홀로 차지한다는 게 과연 말이 되는가?

에서는 쓰러지는 나무에 깔리거나 자그마한 바이러스로 사망했을 수도 있었다. 혹은 그의 선조 중 하나가 사망함으로써 그 집안에서 베토벤의 탄생이 불가능했을 수도 있다. 다른 누구도 아닌 베토벤이 교향곡을 작곡했으며 아무도 그에게서 이 업적을 앗아갈 수 없다. 그러나 그의 성취는 그보다 훨씬 광대한 무언가에 의존하고 있다.

우주의 위대성과 우리 자신의 가냘픔을 감안한다면, 우리 중 누구라도 어떤 성취를 이룬다는 게, 아니, 그저

생존하고 있다는 것만으로도 대단하다고 여겨지지 않는가? 만물의 위대함에 대한 경탄이 종교의 근원이다. 그렇기에 유사 이래로 인간이 종교적이었다는 사실은 그리 놀랄 만한 일이 못된다.

그러나 예배는 단지 경탄이 아닌 감사함이다. 세상의 광대함을 감안할 때 사람들이 생존 및 생계를 유지하고 성취를 이룬 것에 대한 공로를 자기 홀로 차지한다는 게 과연 말이 되는가? 우리 삶의 좋은 것들은 (물론 고난도 그렇지만) 이 위대성에서 비롯된다.

역사적으로 인류는 대개 이 위대성을 인정해야 할 책임을 어느 정도는 수긍했다. 그러나 그 인정에는 자긍심이 뒤섞여 있었다. 우리는 우리가 누리는 삶의 축복에 대해 공로를 주장하고 싶어 하고, 축복의 결과로 우리만큼 축복받지 못한 사람들을 업신여길 자격이 있다고 생각한다. 우리가 그렇게 생각한다면 우리는 정확히 그 생각만큼 위대하신 자를 인정하지 못하고 그에게 감사하지 못하는 것이다. 그 위대하신 자가 진정 얼마나 위대하신지는 헤아리지 못하는 것이다.

그래서 인간 숭배의 경향은 위대하신 자를 깎아내려 자기 수준으로 끌어내린다. 바울 시대의 아테네인들은 "하나님을 금이나 은이나 돌에다 사람의 기술과 고안으로 새긴 것들과 같이" 여겼다(행 17:29). 예배는 이렇게 마땅히 드려야 할 숭배 (즉 위대하신 자에 대한 인정)에서 자기를 영화롭게 하는 왜곡된 숭배로 바뀌었다.

만일 우리가 그 위대하신 존재를, 오직 그분만을 경배한다면 우리는 분명 성경의 하나님을 경배하는 것이다. 그분처럼 위대한 존재는 없기 때문이다(시 47:2, 86:10, 95:3, 135:5). 그러나 그분이 '어떻게' 위대하신지에 대해서는 더 배워야 하고 이제 이를 탐구하고자 한다.

묵상과 토론을 위한 질문

1. 세상의 위대함에 대해 반추할 계기가 된 개인의 경험을 이야기해 보자. 이로 인해 자신에 대한 이해가 어떻게 달라졌는가?
2. 당신이 아는 한 현대 과학은 파스칼의 고찰을 수긍했는가, 반박했는가? 어떻게 그랬는지 설명해 보자.
3. 성경이 우상숭배라고 부르는 것의 현대적 사례를 한두 가지 들어 보자.

추천 도서

John Byl, *The Divine Challenge: On Matter, Mind, Math & Meaning*. Edinburgh: Banner of Truth, 2004.

John Frame, *The Doctrine of God*. Phillipsburg, NJ: P&R, 2002. 『신론-주권신학 시리즈2』 존 프레임, P&R(개혁주의신학사)

Blaise Pascal, *Pensées*. https://www.gutenberg.org/files/18269/18269-h/18269-h.htm

Vern Poythress, *Redeeming Science: A God-Centered Approach*. Wheaton, IL: Crossway, 2006.

2장 **유일성**

이스라엘아 들으라

우리 하나님 여호와는 오직 유일한 여호와이시니

너는 마음을 다하고 뜻을 다하고 힘을 다하여

네 하나님 여호와를 사랑하라

신명기 6:4-5

자연은 우리에게 하나님의 위대성 외에도 더 많은 것을 알려준다. 자연은 우리에게 하나님이 한 분이시라고 말한다. 사도 바울이 아테네인의 우상 숭배를 반박하고자 자연계시를 사용했을 때 그는 실은 다신론을 반박했던 것이다. 그가 그랬던 이유는 아테네인들이 "하나님을 금이나 은이나 돌에다 사람의 기술과 고안으로 새긴 것들과 같이"(행 17:29) 여기면서 더불어 신이 하나가 아니라 여럿이라고 믿었기 때문이다. 그들에게는 바다의 신, 사랑의 여신, 결혼의 신, 농사의 신, 포도주의 신, 전쟁의 신 등이 있었다. 거기에 더해 미처 파악하지 못한 새로운 신이 있을 수도 있다. 바울의 설명을 들어보자.

내가 두루 다니며 너희가 위하는 것들을 보다가 알지 못하는 신에게라고 새긴 단도 보았으니 그런즉 너희가 알지 못하고 위하는 그것을 내가 너희에게 알게 하리라…우주와 그 가운데 있는 만물을 지으신 하나님께서는 천지의 주재시니 손으로 지은 전에 계시지 아니하시고 또 무엇이 부족한 것처럼 사람의 손으로 섬김을 받으시는 것이 아니니 이는 만민에게 생명과 호흡과 만물을 친히 주시는 이심이라(행 17:23-25).

적어도 그리스인들은 자신들의 신 목록에 모든 신을 망라하지 못했을 가능성을 인정할 만큼 겸허했다. 그들은 판테온(만신전, 萬神殿)에 관한 그들의 지식에 빈 구멍이 있을 수도 있음을 알았다. 그리고 그런 무지에는 당연히 좋지 못한 결과가 따를 수 있었다. 알지 못하는 미지의 신을 방치한 결과 어떤 징벌이 떨어질지 누가 알겠는가? 가령 그 신이 재물의 신이라면 그를 경배하지 못한 사람에게 빈곤이 임할지도 모른다.

바울은 그들이 인지하지 못하고 놓쳐버린 신이 누군지 안다고 주장했고, 장담컨대 이 주장 하나만으로도 주목을 받았을 것이다. 그러나 바울의 사상은 아테네인들을 완전히 새로운 차원의 담론으로 끌고 갔다. 아마도 그들은 양치기의 신, 조각가의 신, 철학의 주재主宰 아니, 어쩌면 유대교의 신에 대해 배우기를 기대했을 것이다. 그런데 바울은 이 신, 곧 하나님이 다른 모든 신들보다 높은 신이라고 했다. 바울이 말한 하나님은 궁극의 신이었다. 그 하나님은 다른 신들과 달리 우주의 한 부분을 주재하는 신이 아니라 '만유'의 신이었다. 그는 "우주와 그 가운데 있는 만물을 지으신"(24절) 분이었다. 만일 또 다른 이런저런 신들이 있다면 아테네인들이 알지 못하던 그 미지의 신이 그들도 지으셨다.

그래서 그 하나님은 "손으로 지은 전에 계시지 아니하"신다(24절). 이는 이스라엘의 예루살렘 성전과 하나님의 특별한 관계를 배제한 것은 아니었지만[12] 이 신은 성전이라 불리는 특정한 공간을 에워싼 벽 안에 제한될 수 없었다. 그리고 세상과 그 안에 있는 모든 것을 지으신 분이기에 우리 역시 그 하나님에 의해 지은 바 되었으며 그 하나

---

12   솔로몬 왕은 예루살렘 성전 헌당 시 이스라엘의 하나님은 성전에 제한되시지 않는 분이라고 했다(왕상 8:27 참조).

님으로 말미암아 살아갈 수 있다. "만민에게 생명과 호흡과 만물을 친히 주시는 이심이라"(25절). 그 하나님은 우리로부터 어떤 것도 필요치 않으시며 우리는 그로부터 모든 것을 받아야 한다.

이 모든 것을 통해 우리는 경배를 받아 마땅한 존재는 한 분 밖에 없음을 알게 된다. 위대하신 자는 또한 유일하신 자다.

위대하신 자는 인정하지만 아직 유일하신 자를 깨닫지 못한 저들에게는 여전히 다신론이 유용했다. 우리에게는 온갖 필요와 우려가 있고, 이 필요를 채우고 우려를 불식시킬 여러 인과적 사슬이 존재한다. 앞에서 나는 베토벤의 탄생과 창조적 생애로 귀결된 유전적이고 환경적인 사슬을 설명했다. 그런데 예를 들어, 어느 날 베토벤이 먹은 아침식사를 마련하는 데도 똑같이 길고 복잡다단한 사슬이 있었다고 하자. 다신론에 익숙한 그들에게 이 과정은 너무 복잡다단하여 하나의 신이 이루었다고 보기

> 위대하신 자는 또한 유일하신 분임에 분명하다.

에는 무리가 있다. 그들이 보기에는 분명 비스켓의 신, 커피의 신, 식탁의 신이 각각의 과정을 주관했다는 것이다.

그런 다신론과 달리, 비스켓과 커피를 베토벤의 인생사 속으로 가져와 그로 하여금 식탁에 앉아 그 음식을 섭취하도록 섭리한 어떤 단일한 존재가 있을 수 있다. (바울이 마주했던 아테네인들을 포함해 많은 이들이 믿는) 다신론이 미흡한 이유는 다음의 질문에 답을 내놓지 못하기 때문이다. '이 여러 스토리들을 하나의 스토리로 바꿀 자는 누구인가?' 실로 누가 자연의 모든 스토리들을 일관되고 위대한 하나의 온전한 스토리로 모을 수 있는가? 만유를 지으시고 우리에게 허락하신 그 위대하신 자는 또한 유일하신 분임에 분명하다.

그러나 위대하신 자가 어떻게 동시에 유일하신 자가 되는 게 가능한가? 세상에는 경이로운 복합성과 무수한 사물과 사건과 과정과 인과적 사슬이 존재한다. 세상에는 거대한 관계의 복합체가 존재한다. 베토벤의 유전적 유산에는 그의 아침식사와는 다른 무언가가 있다. 그러나 그의 아침식사가 베토벤이 되고, 그의 유전적 유산이 훗날 그의 아침식사가 무엇이 될지를 결정한다. 유전과 음식이 서로 서로, 그리고 다른 여러 가지 것들과 맞물려 베토벤의 인생 스토리의 다음 장이 생성된다. 그렇다면 우리가 살아가는 이 거대한 세상의 스토리를 들려주기 위해 연합해야 할 여러 요인의 복합체가 얼마나 많을지 상상해 보라. 다신론은 이 모든 요인들을 묶어 하나의 스토리를 들려줄 수 없다. 다신론은 모든 요인들을 따로 분리하여 하나의 사건에 하나의 신을 할당하고 또 다른 사건에는 또 다른 신을 할당함으로써, 모든 신마다 그에 합당한 영광을 잃지 않게 한다. 하나인 동시에 여럿인 one-and-many 세상은 단지 원인만을 제공하는 게 아니라 상호관계와 통합성을 제공하는 총체적 지성에서 연유한 것이 틀림없다.

물론 유일하신 자 자신도 어떤 면에서는 여럿이어야만 한다. 자연과 역사의 전 과정을 통합하기 위해서는 복합적 사고가 요구되기 때문이다. 각각의 현실을 다른 현실들과 통합하기 위해서는 각각의 현실에 대한 개념이 있어야 한다. 그렇다고 해서 내가 다신론을 수긍하는 것은 아니다. 다신론자의 바다 신은 사막에서 부는 바람의 움직임과 바다의 상태를 통합하지 못한다. 그러려면 바다 신이 사막 신의 도움을 받아야 한다. 바울이 말했듯 (아테네인들이 알지 못하고 섬기던) 유일하신 미지의 신은 도움을 필요로 하는 신이 전혀 아니다. 그리고 우리가 보았듯 자연과 역사의 총체적 복합성을 통합하는 일은 오직 그 유일하신 자만이 할 수 있다. 그러나 이 유일하신 자는 파르메니데스, 아리스토텔레스, 그노시스파(영지주의), 플로티누스의 유일신처럼 '단순한' 하나인 개념적 공백일 수 없다. 유일하신 자가 이 일을 행하기 위해서는 그는 능력과 사고, 즉 자신뿐만 아니라 다른 것들에 관한 사고의 위대한 복합체이어야만 한다. 그는 이 다른 현실들을 서로서로 그리고 자신과 통합하여 위대한 스토리를 써낼 수 있는 능력을 소유해야만 한다.

> 우리가 살아가는 이 거대한 세상의 스토리를 들려주기 위해 연합해야 할 여러 요인의 복합체가 얼마나 많을지 상상해 보라. 다신론은 이 모든 요인들을 묶어 하나의 스토리를 들려줄 수 없다.

이 지점에서 기독교인은 자연계가 단지 하나님의 유일

성만을 계시하는지 아니면 성경의 삼위일체와 같이 유일하신 동시에 여럿인 통합적 존재를 계시하는지 의문을 가질 것이다. 어떤 기독교인은 비록 자연이 다신론이 아닌 유일신을 계시한다고 해도 성부, 성자, 성령을 계시하지는 않는다고 생각한다. 다른 기독교인은 어떻게 자연이 성경과 신학이 말하는 세 위격의 하나님을 계시하는지 보여주고자 삼위일체적 변증학 같은 것을 발전시키기도 했다.

나는 자연이 유일하신 동시에 여럿인 하나님을 계시한다는 것을 의심치 않는다. 이로 말미암아 우리가 삼위일체 신학을 얼마나 깊이 파고들어야 할지는 잘 모르겠으나, 일단 여기서는 이 주제에 관한 역작으로 피터 레이하르트의 『삼위일체의 흔적』을 추천한다('추천 도서' 목록을 참조하라). 레이하르트는 인간 삶의 모든 영역이 상호 공재(相互共在, circumcessio), 즉 신학이 삼위일체 속에서 발견하는 여럿 속의 하나, 하나 속의 여럿의 관계가 반영된 것임을 제시한다.

> 하나님의 유일성은 우리가 어떻게 살아야 할지 알려주는 그분의 주재권의 숫자다.

이 모든 것에서 우리가 하나님의 유일하심(그리고 세 위격됨)을 단순히 산술의 문제로 축소한다면 그것은 비극적 오류가 될 것이다. 하나님의 유일성은 (우리가 어떻게 살아야 할지를 알려주는) 그분의 주재권lordship의 숫자다. 하나님은 한 분이시기에 우리의 충성이 분산되어서는 안 된다. 우리의 경배를 하나님과 더불어 다른 신들이 공유하게 두어서도 안 되고, 우리의 가장 고귀한 사랑을 하나님 외에 다른 존재들에게 나눠주어서도 안 된다. 하나님이 모세에게 말씀하셨고 훗날 예수님이 한 구도자에게 말씀하셨듯(마 22:37에서 예수님은 "네 뜻을 다하여"를 추가하셨다) 우리는 '온' 마음과 '온' 힘을 다하여 주님을 사랑해야 한다.

그러나 애정을 사방에 흩뿌리는 편을 선호하는 우리는 스스로 하나님의 유일성에 일부러 눈 감으려 한다. 결혼에서는 이를 불륜이라 하고 종교에서는 우상숭배라고 한다. 이는 바울이 로마서 1장 18절에서 말한 "진리를 막는" 행위다. 우리의 죄로 말미암아 우리는 하나님의 자기 계시 속에 너무도 자명한 하나님의 유일성을 부인한다. 그렇게 함으로써 우리는 또한 그분의 지혜를 부인한다.

묵상과 토론을 위한 질문

1. 어떤 방식으로든 여럿이지 않고, 순전히 하나임이 가능한 존재가 있는가?
2. 하나님의 유일성이 그분의 주권과 주재권과 어떤 연관이 있는가?
3. 하나님의 유일성은 당신에게 어떤 삶을 살라고 촉구하는가?

추천도서

John Frame, The Doctrine of God. Phillipsburg, NJ: P&R, 2002. 『신론-주권신학 시리즈2』 존 프레임, P&R(개혁주의신학사)

Peter Leithart, Traces of the Trinity: Signs of God in Creation and Human Experience. Grand Rapids: Baker Academic, 2015.

Vern Poythress, Redeeming Mathematics: A God-Centered Approach. Wheaton, IL: Crossway, 2015.

Rousas J. Rushdoony, The One and the Many: Studies in the Philosophy of Order and Ultimacy. Vallecito, CA: Chalcedon/Ross House Books, 2014.

Cornelius Van Til, The Defense of the Faith. Phillipsburg, NJ: P&R, 2008. 『변증학-코넬리우스반틸』 코넬리우스 반틸, P&R(개혁주의신학사)

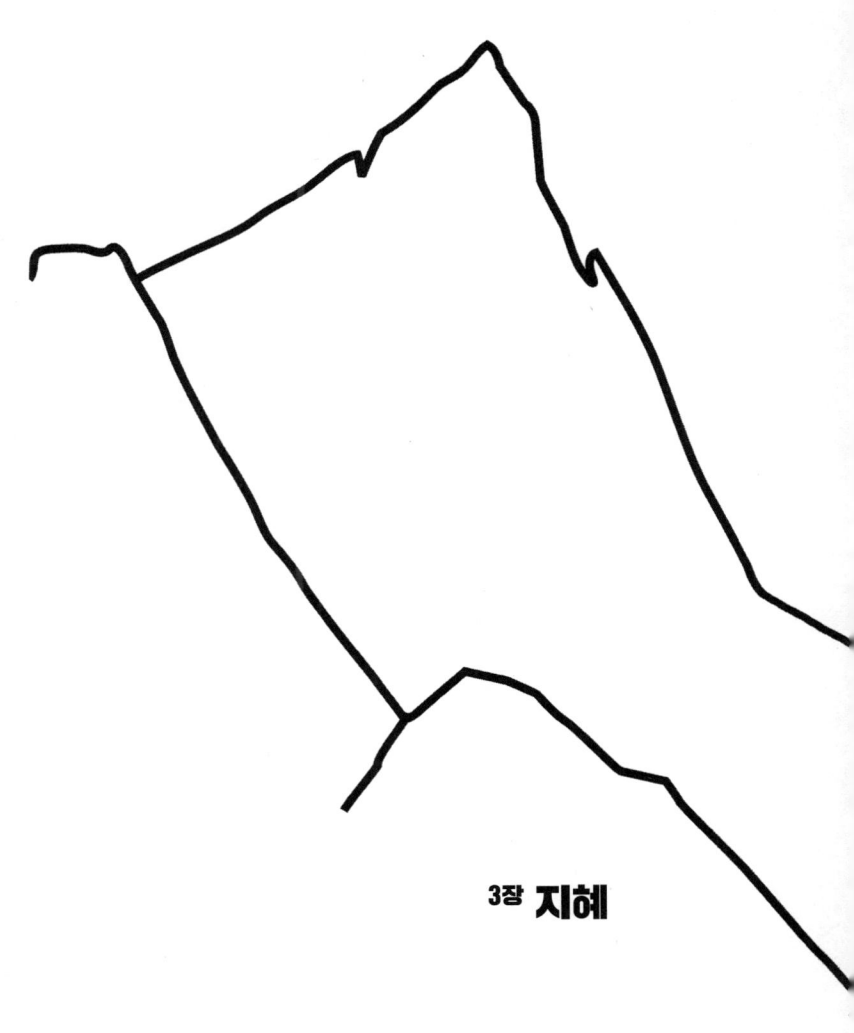

3장 **지혜**

깊도다 하나님의 지혜와 지식의 풍성함이여,

그의 판단은 헤아리지 못할 것이며

그의 길은 찾지 못할 것이로다

로마서 11:33

자연에서 계시되는 하나님은 '단순히' 하나이자 여럿이 아니다. 그분은 숫자적 관계로만 정의될 수 없다. 내가 앞장 말미에서 언급했듯 그분의 숫자적인 속성에는 구체적인 효과가 나타난다. 우리는 그분의 하나 됨과 여럿 됨을 추상성 속에서 발견하지 않는다. 그 속성은 우리가 처해 있는 삶이라는 스토리에 필요한 전제다. 우리가 그분을 하나이자 여럿이라고 부르는 이유는 그분이 우리 자신의 경험 속에 일체성unity과 복합성complexity을 창조하셨기 때문이다. 우리는 서로 적절하게 맞물려 돌아가는 모든 것에 탄복한다. 가령 어떻게 수세기에 걸쳐 이어진 베토벤의 선조들과 베토벤이 먹은 음식이 서로 적절하게 맞물려 최종적으로는 베토벤의 교향곡으로 귀결됐는지 감탄한다. 이렇듯 하나님의 하나 됨과 여럿 됨은 그분의 위대함과 지혜에 대한 기술이기도 하다.

> 하나님의 하나 됨과 여럿 됨은 그분의 위대함과 지혜에 대한 기술이기도 하다.

지혜는 실제 삶에 정교하게 적용된 깊은 차원의 지식이다. 하나님의 속성인 이 지혜는 세상의 모든 사건과 과정과 관계를 아우른다. 만일 우리가 이 위대하신 분이 자연과 역사를 꿰어 단일한 스토리로 엮어내셨음을 확신한다면 그 스토리 속에, 특히 우리 자신의 인생 스토리 속에 드러난 그분의 지혜에 감사를 돌려야 마땅하다.

바울은 로마서 1장에서 11장까지 자신이 말하고자 하는 바를 연이어 풀어놓았고, 이 스토리는 바울이 11장 33절에서 앞의 내용을 복기하는 데까지 이어진다. 바울은 타락한 사람들, 곧 이방인(1장)과 유대인(2장)이 하나님의 계시를 크게 막았다는 이야기로 시작했다. 결과는 "의인은 없나니 하나도 없으며"(3:10)였다. 이 참사 속에서 하나님이 무언가 긍정적인 것을 끌어내실 가능성은 전무한 듯 보인다. 그러나 하나님의 지혜는 거대한 난관에도 불구하고 자비의 길을 찾아내셨다.

이제는 율법 외에 하나님의 한 의가 나타났으니 율법과 선지자들에게 증거를 받은 것이라 곧 예수 그리스도를 믿음으로 말미암아 모든 믿는 자에게 미치는 하나님의 의니 차별이 없느니라 모든 사람이 죄를 범하였으매 하나님의 영광에 이르지 못하더니 그리스도 예수 안에 있는 속량으로 말미암아 하나님의 은혜로 값없이 의롭다 하심을 얻은 자 되었느니라(롬 3:21-24).

여기서부터 로마서 11장까지 바울은 어떻게 하나님의 지혜가 거듭해서 역경을 극복하는지를 보여준다. 4장에서 바울은 어떻게 하나님이 구속자 되신 예수의 조상, 아브라함과 사라에게 자손을 약속하셨는지를 보여준다. 아브라함과 사라의 연로함을 생각하면 하나님이 약속을 성취하시는 것이 불가능해 보인다. 하지만 아브라함은 하나님이 약속을 성취하실 것을 ("바랄 수 없는 중에 바라고," 4:18) 믿었고 하나님은 성취하셨다. 5장에서 바울은 어떻게 하나님이 예수를 통해 아담의 타락 후 불가피해 보이던 인류의 멸망을 막으셨는지를 보여준다. 우리는 6-8장에서 어떻게 하나님의 은혜가 신자의 삶 가운데 있는 죄의 결과를 극복하는지를 배운다. 그리고 9-11장에서 어떻게 하나님이 지속적으로 인간 역사의 모든 씨줄과 날줄을 엮어 스스로 "세세에 있는 영광"을 취하시는지를 본다(11:36). 11장 33절에서 바울은 하나님의 지혜와 지식에 감탄을 발한다. 다른 본문에서 바울은 예수가 바로 이 지혜의 총화總和임을 명백하게 밝힌다(고전 1:30, 골 2:3).

그러나 예수를 인정하길 거부하는 타락한 인간들은 하나님의 위대하심과 유일하심도 인정하지 않으며 마찬가지로 하나님의 지혜도 인정하지 못한다. 우리는 하나님의 지혜보다 우리 자신의 지혜를 선호한다. 야고보가 그의 편지에서 한 말이다.

> 너희 중에 지혜와 총명이 있는 자가 누구냐 그는 선행으로 말미암아 지혜의 온유함으로 그 행함을 보일지니라 그러나 너희 마음속에 독한 시기와 다툼이 있으면 자랑하지 말라 진리를 거슬러 거짓말하지 말라 이러한 지혜는 위로부터 내려온 것이 아니요 땅 위의 것이요 정욕의 것이

요 귀신의 것이니 시기와 다툼이 있는 곳에는 혼란과 모든 악한 일이 있음이라 오직 위로부터 난 지혜는 첫째 성결하고 다음에 화평하고 관용하고 양순하며 긍휼과 선한 열매가 가득하고 편견과 거짓이 없나니 화평하게 하는 자들은 화평으로 심어 의의 열매를 거두느니라(약 3:13-18).

다음 장에서 보겠지만 지혜와 선은 불가분의 관계다. 거짓 지혜, 가짜 지혜는 시기와 이기적인 야심과 불가분의 관계다. 우리는 사람들에게 지혜롭다는 인정을 받고 싶어 하기에 논쟁과 경쟁에서 늘 승자가 되는 지혜를 만들어낸다. 이것이 고린도전서에서 "세상 지혜"라고 칭하는 것이다. "지혜 있는 자가 어디 있느냐 선비가 어디 있느냐 이 세대에 변론가가 어디 있느냐 하나님께서 이 세상의 지혜를 미련하게 하신 것이 아니냐 하나님의 지혜에 있어서는 이 세상이 자기 지혜로 하나님을 알지 못하므로 하나님께서 전도의 미련한 것으로 믿는 자들을 구원하시기를 기뻐하셨도다"(고전 1:20-21).

이어서 바울은 3장에서 이 거짓 지혜가 맞이할 결과를

제시한다. "이 세상 지혜는 하나님께 어리석은 것이니 기록된 바 하나님은 지혜 있는 자들로 하여금 자기 꾀에 빠지게 하시는 이라 하였고"(고전 3:19). 여기서 바울은 욥기 5장 13절을 인용하는데, 이는 시편과 잠언의 숱한 구절처럼 의인을 해하려고 짠 치밀한 계획에 악인 스스로 걸려 망한다는 내용이다. 나는 이를 로드 러너를 잡기 위해 복잡한 계략을 짰다가 스스로 걸려 넘어지는 만화의 악당 이름을 따서 '와일 E. 코요테 법칙'이라고 부른다.

하나님은, 거짓 지혜의 뿌리는 우리 자신의 이기심인 반면 참 지혜는 오직 하나님 자신으로부터 비롯된다고 말씀하신다. "오직 은밀한 가운데 있는 하나님의 지혜를 말하는 것으로서 곧 감추어졌던 것인데 하나님이 우리의 영광을 위하여 만세 전에 미리 정하신 것이라"(고전 2:7). 하나님은 그리스도에 대해 "그 안에는 지혜와 지식의 모든 보화가 감추어져 있느니라"고 하신다(골 2:3). 구약의 지혜 문학에서 말하듯 여호와를 경외하는 것이 지혜의 근본이다(시 111:10, 잠 1:7). 그러므로 우리가 규범으로 삼아야 할 것은 이것이다. "너는 마음을 다하여 여호와를 신뢰하고 네 명철을 의지하지 말라 너는 범사에 그를 인정하라 그리하면 네 길을 지도하시리라"(잠 3:5-6).

그러나 하나님의 지혜는 구속의 역사에서만 발견되는 게 아니다. 하나님의 지혜는 내가 이 책에서 말하려는 바 '하나님에 대해 자연이 말하는 것'의 일부이기도 하다. 바울이 로마서 8장에서 말했듯 모든 자연은 구속^{redemption}의 성취를 고대한다.

> 피조물이 고대하는 바는 하나님의 아들들이 나타나는 것이니 피조물이 허무한 데 굴복하는 것은 자기 뜻이 아니요 오직 굴복하게 하시는 이로 말미암음이라 그 바라는 것은 피조물도 썩어짐의 종노릇 한 데서 해방되어 하나님의 자녀들의 영광의 자유에 이르는 것이니라 피조물이 다 이제까지 함께 탄식하며 함께 고통을 겪고 있는 것을 우리가 아느니라 그뿐 아니라 또한 우리 곧 성령의 처음 익은 열매를 받은 우리까지도 속으로 탄식하여 양자 될 것 곧 우리 몸의 속량^{redemption}을 기다리느니라(롬 8:19-23).

이 성취를 고대하는 "탄식"은 우리 자신의 탄식이기도 하다. 마지막 때의 구속을 고대하던 사도 바울도 자신에게 내재하는 고통이 모든 피조세계가 겪고 있는 보다 거대한 고통의 일부분임을 인식했다.

이 탄식은 신비스럽다. 자연이 탄식한다는 게 대체 무슨 뜻인가? 확실한 것은 적어도 자연이 밟는 경로가 사람들에게 유명한 그 무신론에서 말하는 물질, 운동, 시간, 우연, 그 이상이라는 것이다. 자연의 경로에는 방향성이 있다. 그 경로는 특정한 상태를 지향한다. 즉 도토리라면 특정 조건 하에서 참나무가 되도록 설계되어 있다는 말이다. 세상은 특정한 목표를 가지고 있다. 세상은 목적 지향적^{teleological}이다.

궁극적으로 창조세계는 하나님의 구속과 동일한 목표를 추구하며 그러므로 그 지혜는 하나님 자신의 지혜다. 이는 만물을 하나님과 화목케 하며 전쟁을 평화로 바꾸는 지혜다. 바울은 창조세계의 목표가 "그의 십자가의 피로 화평을 이루사 만물 곧 땅에 있는 것들이나 하늘에 있는 것들이 그로 말미암아 자기와 화목하게 되기" 위함이라고 말한다(골 1:20).

그러므로 자연은 단지 그 '위대성'이나 '여럿 됨 속의 하나 됨'을 통해서만 하나님을 증거하지 않는다. 자연은 또한 그 안에서 드러나는 '지혜'로 하나님을 증거한다. "여호와여 주께서 하신 일이 어찌 그리 많은지요 주께서 지혜로 그들을 다 지으셨으니 주께서 지으신 것들이 땅에 가득하니이다"(시 104:24).

만일 우리가 제대로만 사고한다면 모든 사건과 모든 자연 과정 속에서 하나님의 사려를 발견하게 될 것이다. 시편 104편에서 기자는 주변 만물을 둘러보며 하나님이 곳곳에서 자신의 목적을 수행하고 계심을 발견한다. 자연세계는 하나님이 입으신 옷이자 하나님이 거하시는 처소가 된다(1-4절). 하나님은 때를 따라 사물을 견고하게도 하시고 흩어지게도 하신다(5-9절). 하나님은 모든 생물이 먹고 마실 것과 살 곳을 얻도록 모든 것을 정하신다(10-23절). 모든 것이 그 필요를 채우기 위해 하나님만을 앙망한다(24-27절).

만물이 하나님의 은혜로 산다. 그러나 만물은 또한 하

나님이 정하신 대로 죽는다. "주께서 낯을 숨기신 즉 그들이 떨고 주께서 그들의 호흡을 거두신 즉 그들은 죽어 먼지로 돌아가나이다"(29절). 비단 짐승만이 아니라 사람도 마찬가지다. 하나님은 "죄인들을 땅에서 소멸하시며 악인들을 다시 있지 못하게 하시리로다"(35절). 이는 모든 사람이 하나님께 손을 뻗어 창조세계의 좋은 것을 얻으려 하지는 않기 때문이다. 또한 모든 사람이 손을 뻗어 하나님께 감사와 찬양을 돌리는 것도 아니기 때문이다.

> 당신이 만일 구속의 지혜에 눈뜨지 못한다면 창조세계에서 드러나는 지혜 역시 볼 수 없을 것이다.

본디 하나님은 자연과 인간이 조화를 이루며 살도록 의도하셨다. 그러나 아담이 하나님이 금하신 나무의 열매를 먹음으로써 자연을 허물었고, 그 결과로 조화로움도 깨지고 말았다. 즉, 인간과 짐승, 남자와 여자, 인류와 하나님 간의 부조화가 초래되었다(창 3장). 하나님은 아담과 하와 때문에 땅을 저주하셨고(창 3:17-19), 땅은 더 이상 인류에게 순순히 소출을 내주지 않게 되었다. 아담은 생계를 이어가기 위해 다시금 자연을 허물어 하나님이 저주하신 땅에서 고통스럽게 먹을 것을 취해야 했고, 죽어서는 흙으로 돌아가야 했다. 이것이 우리를 탄식하게 하는 저주의 실체다. 그러나 로마서에서 바울은 자연이 우리와 '함께' 탄식하고 있으며 하나님의 지혜는 뛰어나실 뿐만 아니라 구속적redemptive 이심을 계시한다.

이 모든 것이 의미하는 바는 당신이 만일 구속의 지혜에 눈뜨지 못한다면 창조세계에서 드러나는 지혜 역시 볼 수 없다는 것이다. 당신의 눈에는 영국의 시인 알프레드 테니슨이 "붉은 이빨과 발톱의 자연"이라고 표현한, 맹목적 진화의 벌판만이 보일 것이다. 그러나 그리스도로 인해 하나님과 화목하게 된 자는 시편 104편과 로마서 8장의 시각을 통해 다시금 새롭게 세상을 바라보게 될 것이다 (하나님이 후히 베풀어 주시는 놀라운 선물로서의 세상, 그리고 구속의 성취를 위해 우리와 함께 탄식하는 세상으로 말이다). 그리고 이것이 의미하는 바는 피조세계가 창조주의 선하심을 웅변한다는 것이다.

묵상과 토론을 위한 질문

1. 위대성과 유일성 속에 지혜가 내포되어 있다는 이번 장의 논리를 되새겨보자. 이 논리는 '하나님이 인격적이신가'라는 질문과 어떻게 연결되는가?
2. 과거에 큰 어려움을 겪은 적이 있는가? 당시를 회고해 볼 때, 그 속에서 하나님의 지혜에 대한 증거를 찾을 수 있는가? 그것을 어떻게 알 수 있는가?
3. 이번 장 끝부분은 자연을 바라보는 두 가지 방식을 제시하고 있다. 세 번째 방식도 있다고 보는가? 세상이 "단지 맹목적 진화의 벌판"이라면 당신은 어떻게 살아갈 것인가?

추천도서

John Frame, *The Doctrine of the Knowledge of God*. Phillipsburg, NJ: P&R, 1987. 『신지식론-주권신학 시리즈1』 존 프레임, CLC(기독교문서선교회)

―――, *A History of Western Philosophy and Theology*. Phillipsburg, NJ: P&R, 2015. 『서양 철학과 신학의 역사』 존 프레임, 생명의말씀사

―――, *Systematic Theology*. Phillipsburg, NJ: P&R, 2013. 특히 304-334, 697-767를 보라. 『존 프레임의 조직신학』 존 프레임, 부흥과개혁사

Alvin Plantinga, *Warranted Christian Belief*. Oxford: Oxford University Press, 2000.

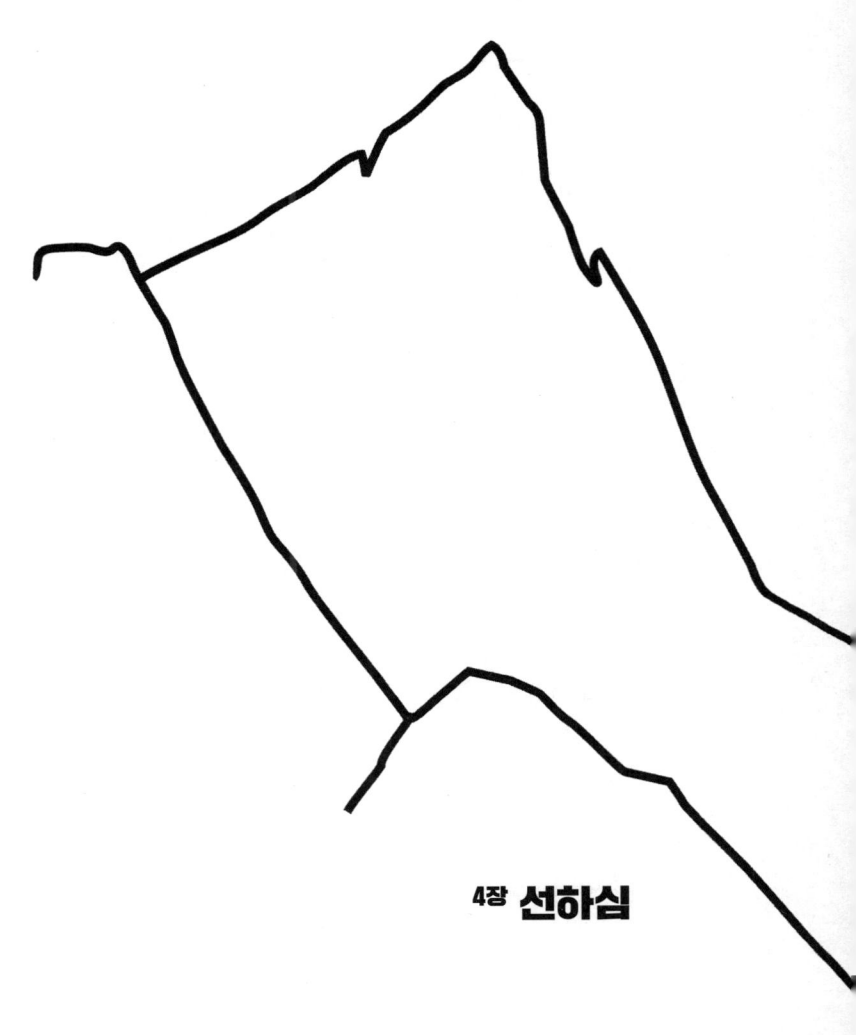

4장 **선하심**

여호와는 선하시고 정직하시니

그러므로 그의 도로 죄인들을 교훈하시리로다

시편 25:8

대저 여호와는 선하시니 그 인자하심이 영원하고

그 성실하심이 대대에 미치리로다

시편 100:5

지난 장에서는 하나님의 지혜가 목적지향적임을 살펴보았다. 즉 그 지혜에는 자연과 역사를 특정한 결과로 이끌어가는 지성이 있다는 것이다. 하나님의 지혜는 그 결론에 무관심하지 않으며, 결론을 무작위로 선택하지도 않는다. 오히려 하나님의 지혜는 그 결론이 악하기보다 선한 것으로 완성되기를 추구한다. 그러므로 하나님은 단지 위대하시고, 하나이면서도 여럿이시며, 지혜로운 분이실 뿐만 아니라 선하신 분이다.

우리가 선한 사람이기를 추구한다면 이 사실은 큰 위안으로 다가올 것이다. 시편 104편에서 보았듯 하나님은 특별히 그분의 지혜로 모든 피조물에게 먹을 것과 마실 것을 공급하신다. 나는 프롤로그에서도 사도 바울이 복음을 선포하면서 하나님의 섭리가 선하시다는 사실을 말했음을 언급했다. "그러나 자기를 증언하지 아니하신 것이

> 하나님은 단지 위대하시고, 하나이면서도 여럿이시며, 지혜로운 분이실 뿐만 아니라 선하신 분이다.

아니니 곧 여러분에게 하늘로부터 비를 내리시며 결실기를 주시는 선한 일을 하사 음식과 기쁨으로 여러분의 마음에 만족하게 하셨느니라 하고"(행 14:17).

하나님은 자기에게 반역하는 자들에게도 음식과 기쁨으로 마음의 만족을 허락하신다. 그러나 더불어 심판이 임할 것이다. "알지 못하던 시대에는 하나님이 간과하셨거니와 이제는 어디든지 사람에게 다 명하사 회개하라 하셨으니 이는 정하신 사람으로 하여금 천하를 공의로 심판할 날을 작정하시고 이에 그를 죽은 자 가운데서 다시 살리신 것으로 모든 사람에게 믿을 만한 증거를 주셨음이라 하니라"(행 17:30-31). 바울이 아테네인들에게 전한 메시지에는 구약 계시를 드러내는 허다한 인유引喩가 있으며 바울이 그들에게 제시한 세계관은 성경에서 비롯된 것이었다. 그러나 바울은 자기 앞에 있던 청중들이 비록 그들에게 성경이 없더라도 하나님의 본질이 (그들이 만든 종교적 형상들로 표현된) 이교도의 신들과 사뭇 다르다는 사실을 이해하길 기대한다. 이 세계관을 토대로 바울은 계속해서 자연만 가지고서는 알 수 없는 바, 즉 하나님이 예수라는 이에게 죄인들의 최후 심판을 맡기셨고 그를 죽은 자 가운데서 살리심으로 예수의 권세를 확증하셨음을 선포한다.

그러므로 자연이 증거하는 하나님은 옳고 그름에 관심을 가지는 하나님이시다. 그분은 악인에게조차 선을 행하기를 좋아하신다. 그러나 하나님의 관용에는 한계가 있다. 심판이 다가오고 있다. 아담의 타락으로 망가진 도덕 질서가 복원될 것이다. 그리고 이 대목에서 바울은 예수를 단지 구세주가 아닌 심판자로 제시한다. (성경의 다른 본문에서 신자가 예수와 연합함으로써 얻는 새 생명으로 제시되는) 예수의 부활은 장차 임할 심판이 실재하며 가차 없다는 사실에 대한 확증이다(행 17:30-31). 오늘날의 설교자들은 이런 식으로 심판을 언급해 청중을 겁먹게 하는 것에 우려를 갖겠지만, 아테네에서 바울은 분명 구도자들을 두렵게 하여 회개하게 하려는 의도로 무시무시한 시나리오를 제시한다. 물론 이것이 바울의 메시지의 전부였다고 주장하는 건 아니다. 그의 설교에는 은혜와 구속의 메시지도 있었을 공산이 크다. 그러나 주된 메시지는 하나님이 공의로우시다는 것이다. 하나님은 악은 없고 선만 있는 완전한 세상을 계획하신다. 그리고 그 완전한 세상에는 회개를 거부하는 사람들이 들어갈 자리는 없을 것이다.

이 생생한 계시와 명백한 회개의 명령 앞에서 죄로부터 돌이켜 위대한 하나님을 섬기지 않을 사람이 과연 있겠는가? 그러나 많은 이들이 등을 돌렸다. 바울이 예수의 부활을 언급하자 "어떤 사람은 조롱"(행 17:32)했다고 한다. 아레오바고(마르스 언덕)에서 바울의 설교를 듣던 청중은 유물론적 세계관을 가진 교양 있는 에피쿠로스 학파와 스토아 학파의 사람들이었다. 현대의 교양인들처럼 그들은 '종말이 가까웠다'고 전하는 사람들을 재미있다고 생각했다. 어떤 이들은 바울을 더 진지하게 대하며, 혹은 적어도 더 점잖게 대하며 "이 일에 대하여 네 말을 다시 듣겠다"고 했다. 그건 어쩌면 바울을 점잖게 사양하려는 의도였을 수도 있다. 하지만 소수는 "그를 가까이하여 믿으니 그 중에는 아레오바고 관리 디오누시오와 다마리라 하는 여자와 또 다른 사람들도" 있었다(34절).

이에 비추어 볼 때 우리는 자연이 증거하는 메시지가 선을 지향하고 있다고 결론 내릴 수 있다. 우리가 살아가는 이곳은 단지 물

> 옳고 그름, 정의와 사랑에 무심한 신은 세상을 무질서 속에 방치하는 신일 것이다.

질, 운동, 시간, 우연으로 채워지는 세상이 아니라 옳고 그름이 중요하게 작동하는 세상이다. 우리는 걸출하고 천부적인 재능의 소유자보다는 선하고 온화하고 타인에 대해 공평한 자들을 더 칭송한다. 이런 도덕적 자질이 아니었다면 문명은 번성할 수 없었을 것이고 인간 사회는 17세기 철학자 토마스 홉스의 표현대로 "만인에 대한 만인의 전쟁"a war of all against all 곧, 지상 지옥이 되었을 것이다. 옳고 그름, 정의와 사랑에 무심한 신은 세상을 무질서 속에 방치하는 신일 것이다. 그런 신이라면 신이 없는 상태와 전혀 차이가 없을 것이다.

옳고 그름이 없다면 어떤 것도 분별할 수 없게 될 것이

다. 수학에서 2+5=7은 옳고 2+5=6은 그르다. 2+5=7은 '참'이기에 믿어야 '마땅한' 것이다. 옳고 그름, 참과 거짓은 '가치' 용어다. 가치적 범주에는 미학적 용어인 아름답다, 균형 잡혔다, 좋다, 섬세하다, 적합하다 등이 있다. 지적이다, 매력적이다, 흥미진진하다 등의 문학적 용어도 가치 용어다.

결론적으로 만일 우리가 위대함, 하나 됨과 여럿 됨, 지혜가 존재하는 세상에 살아가려면 응당 선도 있어야 한다. 그리고 그 선은 현실 세계에서는 찾아볼 수 없는 플라톤적 추상성이 아니다. 선은 필연적으로 '인격적' 특성이다. 철학자들은 도덕과 무관한 사실들로부터 도덕적 평가를 이끌어내는 것이 논리적으로 어불성설임을 간파했다. 가령 식인 풍습이 그릇된 이유는 먹히는 사람에게 고통을 가하기 때문이라고 말하는 이들이 있다. 그러나 이 논증은 먼저 타인에게 고통을 가하는 것이 그릇되다는 전제를 입증하지 않고서는 어불성설이다. 우리는 과학적 또는 철학적 논증을 통해 도덕을 배우지 않는다. 우리는 대인 관계를 통해 도덕을 배운다.

우리 중 많은 이들이 사랑이 인생의 황금률임을 안다. 우리가 도덕적 권위자로 받아들이는 사람들이 있다면 그건 그들로부터 충성과 사랑을 배웠기 때문일 것이다. 내가 우리 부모님의 윤리적 잣대를 따르는 이유는 일찍이 그들이 나를 돌보시고, 그래서 그들이 신뢰할 만한 분들임을 알았기 때문이다. 물론 우리 부모님이 윤리적으로 완전무결한 분들은 아니다. 때론 부모님으로부터 배운 도덕적 직관을 교정해야 하는 경우도 있었다. 하지만 그런 교정은 오직 새로운 대인 관계 때문에 비롯되었다. 그러나 내가 하나님이라고 부르는 절대 인격을 만난 뒤론 하나님 외에 누구도 윤리적인 절대 권위로 인정할 수 없었다.

분명 하나님은 자연 속에서 위대하시고 하나이면서도 여럿이시며 지혜로우시고 선하신 분으로 계시되었다. 이 사실은 곱씹을수록 대단하면서도 한편으론 두려움을 자아낸다. 우리는 그동안 (우리가) 선량하지도 온화하지도 공평하지도 아름답지도 못했으며 여타 다른 덕목들에서도 마찬가지였음을 안다. 그리고 우리는 언젠가 틀림없이 하나님을 뵙게 될 것이다.

그러나 바울의 말이 진실이라면 우리는 오늘도 그분을 마주하고 있다. 우리는 심판자 되신 하나님을 만나고 있다. 하나님의 진노가 계시되었고(롬 1:18) 이 진노는 응당 두려움을 자아낸다. 그러나 이 무시무시한 하나님은 또한 아테네인들을 초청한 바울처럼 선량하고 공평한 분으로 다가오신다. 하나님은 위협하기도 하시며 약속하기도 하신다. 독일의 개신교 신학자 루돌프 오토는 거룩을 "무시무시하고 가슴 설레는 신비"$^{\text{mysterium tremendum et fascinans}}$라고 정의했다. 나는 이것이 거룩에 대한 썩 좋은 정의는 아니라고 생각하지만 그래도 하나님에 대한 자연의 증거를 진지하게 생각하는 사람들이 느낄 만한 감정을 잘 요약했다고 본다. 우리 가까이에 계신 이 하나님을 만나게 된다니, 생각만 해도 가슴 설레며 두렵기 그지없다.

묵상과 토론을 위한 질문

1. 인격적인 하나님 외에 도덕의 근거를 찾는 것이 가능한가? 하나님 외에 어떤 대안들이 제시되었는가? 그 제안들을 어떻게 생각하는가?
2. 만일 도덕이란 것이 근거가 없다면, 그러니까 옳고 그름의 기준이 상대적이라면, 수학이나 과학 같은 분야에서 제시되는 진리와 옳음은 어떻게 설명할 수 있는가? 만일 절대 도덕의 근거가 없다면 그 점이 우리의 전반적인 지적 체계에 어떤 영향을 미치는가?
3. 하나님이 지혜로우시지만 선하지 않으실 가능성이 존재하는가? 그 가능성에 대해 토론해 보자.

추천도서

Edward J. Carnell, *The Kingdom of Love and the Pride of Life*. Eugene, OR: Wipf and Stock, 2007.

John Frame, *Apologetics: A Justification of Christian Belief*. Phillipsburg, NJ: P&R, 2015. Here I develop at much greater length the argument that morality presupposes the existence of God. 『개혁파 변증학』 존 프레임, 개혁주의신학사

———, *Doctrine of the Christian Life*. Phillipsburg, NJ: P&R, 2008. 여기서 나는 우리가 윤리적인 삶을 살아야 하는 근거로서 하나님의 주권을 제시했다. 『기독교 윤리학 - 주권신학 시리즈 3』 존 프레임, P&R(개혁주의신학사)

C. S. Lewis, *Mere Christianity*. San Francisco: Harper, 2015. This is the most influential formulation of the moral argument for God. 『순전한 기독교』 C. S. 루이스, 홍성사

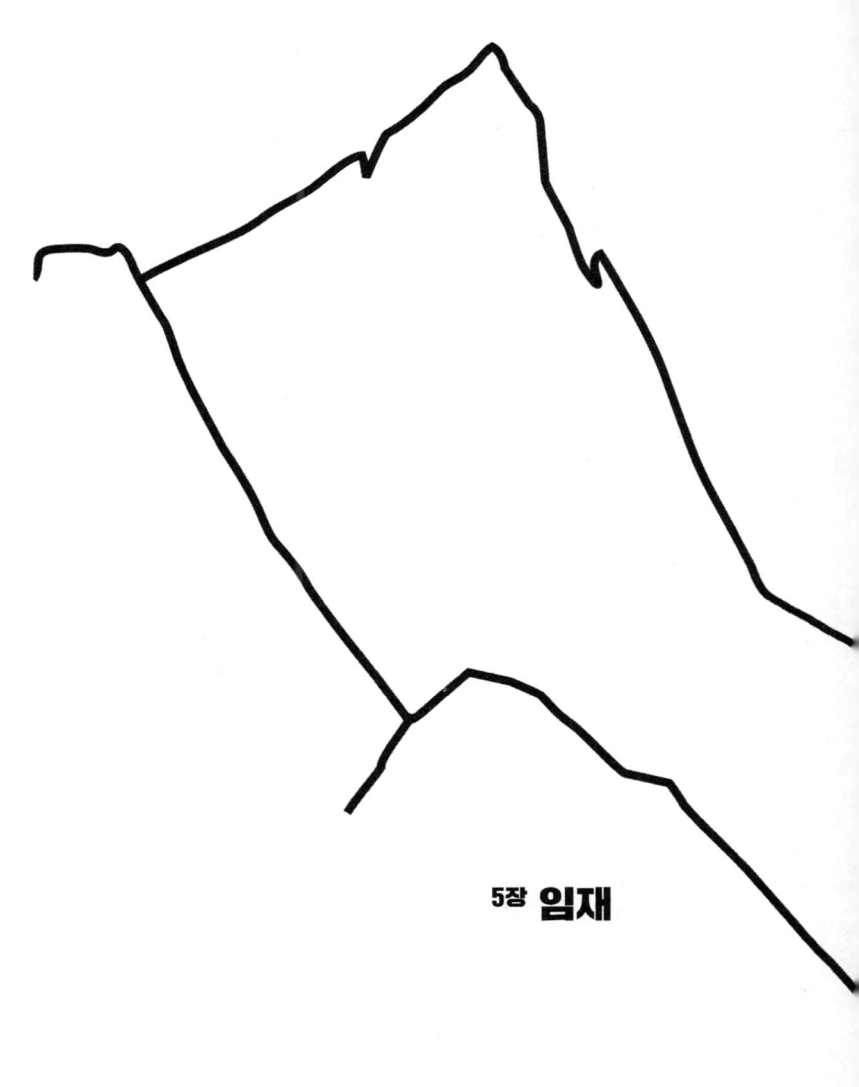

5장 **임재**

내가 오늘 네게 명령한 이 명령은 네게 어려운 것도 아니요 먼 것도 아니라 하늘에 있는 것이 아니니 네가 이르기를 누가 우리를 위하여 하늘에 올라가 그의 명령을 우리에게로 가지고 와서 우리에게 들려 행하게 하랴 할 것이 아니요 이것이 바다 밖에 있는 것이 아니니 네가 이르기를 누가 우리를 위하여 바다를 건너가서 그의 명령을 우리에게로 가지고 와서 우리에게 들려 행하게 하랴 할 것도 아니라 오직 그 말씀이 네게 매우 가까워서 네 입에 있으며 네 마음에 있은즉 네가 이를 행할 수 있느니라

신명기 30:11-14

보라 처녀가 잉태하여 아들을 낳을 것이요 그의 이름은 임마누엘이라 하리라 하셨으니 이를 번역한즉 하나님이 우리와 함께 계시다 함이라

마태복음 1:23

사람들이 신을 철학적 개념으로만 다룰 때 흔히 떠올리는 지배적인 이미지는 멀리 동떨어져 있는 신이다. 그들은 신이 저 멀리 우리가 사는 지구와 다른 차원에 거한다고 말한다. 여기에는 일말의 진실이 있다. 성경은 종종 하나님이 "높은 곳에서" 다스리신다고 말한다(욥 16:19, 시 18:16). "높은 곳"은 우리 위와 너머의 장소인 하늘^{heaven}의 유의어다. 예수는 승천하실 때 사람들의 시야 밖으로 벗어날 때까지 공중으로 올라가셨다(행 1:9-11).

그러나 성경은 또한 하나님이 우리 가까이, 우리와 함께, 모든 곳에 계신다고 말한다.

> 내가 주의 영을 떠나 어디로 가며 주의 앞에서 어디로 피하리이까 내가 하늘에 올라갈지라도 거기 계시며 스올에 내 자리를 펼지라도 거기 계시니이다 내가 새벽 날개를 치

며 바다 끝에 가서 거주할지라도 거기서도 주의 손이 나를 인도하시며 주의 오른손이 나를 붙드시리이다 내가 혹시 말하기를 흑암이 반드시 나를 덮고 나를 두른 빛은 밤이 되리라 할지라도 주에게서는 흑암이 숨기지 못하며 밤이 낮과 같이 비추이나니 주에게는 흑암과 빛이 같음이니이다(시 139:7-12).

자명한 것은 '하늘'은 하나님의 거룩하심에 관심을 두지 않는 방문자를 멸할 만큼 여호와의 임재가 강력하게 드러나는 특별한 처소, 곧 이스라엘의 성전과 같다는 것이다. 하늘은 우주의 왕 되신 하나님의 보좌다(사 66:1). 그래서 하나님이 "높은 곳에" 거하신다는 말은 (우리에게서 멀리 떨어져 계신다기보다) 일차적으로 그분의 왕권 통치를 강조하는 의미가 있다. 자연이 우리에게 증거하는 바 역시 하나님은 멀리 계시지 않고 가까이에 계시다는 것이다.

> 자연이 우리에게 증거하는 바 역시 하나님은 멀리 계시지 않고 가까이에 계시다는 것이다.

이 책 전반에 걸쳐 나는 마르스 언덕의 바울 설교를 언급했는데, 그 설교 역시 하나님의 가까이 계심에 초점이 맞춰져 있다.

> 인류의 모든 족속을 한 혈통으로 만드사 온 땅에 살게 하시고 그들의 연대를 정하시며 거주의 경계를 한정하셨으니 이는 사람으로 혹 하나님을 더듬어 찾아 발견하게 하려 하심이로되 그는 우리 각 사람에게서 멀리 계시지 아니하도다 우리가 그를 힘입어 살며 기동하며 존재하느니라 너희 시인 중 어떤 사람들의 말과 같이 우리가 그의 소생이라 하니(행 17:26-28).

우리가 보았듯 바울이 마르스 언덕에서 행한 설교와 그 전의 루스드라에서 행한 설교(14:15-18)는 자연을 소재로 이용했다. 비록 바울이 위 구절에서 구약의 가르침을 인유하고 구약의 세계관을 제시했지만, 그는 그의 청중이 성경을 알지 못하는 이교도들이므로 성경과 친숙하지 않다는 사실을 전제로 두고 있다. 그래서 바울은 사도행전

17장 26-28절에서 (비록 성경이 없을지라도) 성경과 별개로 창조세계를 통해서도 하나님의 '임재' 곧 '가까우심'을 충분히 감지할 수 있다고 말하는 것이다.

기실 그건 어려운 일이 아니다. 이 시점까지 이 책의 논증이 건실하다면, 우리는 창조세계를 통해 하나님의 실존뿐만 아니라 그분 자체를 알 수 있다. 하나님은 우리가 경험을 통해 그분을 알 수 있도록 하시는 인격적 존재이시다. 우리는 그분의 위대성과 유일성과 지혜와 선하심을 알 수 있다. 사실 우리가 그분을 알 수 없다면 다른 어떤 것도 알 수 없을 것이다. 모든 진리, 아름다움, 선이 그분께 의존하기 때문이다. 우리 주변 세상에서 드러나는 위대성, 유일성, 지혜, 선은 하나님의 계시다. 그래서 어떤 사실을 안다는 것은 그 사실 속에 내재하시는 하나님을 안다는 것이다.

그리고 우리는 이 논점을 한층 확장할 수 있다. 우리는 하나님을 알지 않고서는 '우리 자신'을 알 수 없다. 성경

> 우리는 하나님을 알지 않고선 '우리 자신'을 알 수 없다.

은 늘 인간 본성을 정의할 때 하나님의 형상이라고 한다 (창 1:26-27). "하나님의 형상"에 대한 가장 근접한 정의는 이 형상으로 인해 우리에게 이땅을 "다스릴" 자격이 부여된다는 것이다. 그래서 그분의 형상인 인간은 그분과 유사하게 통치 권세를 가진다. 이는 절대적이거나 궁극적인 권세는 아니지만 그분의 통치 아래의, 다른 어떤 피조물보다 높은 권세이다.

하나님의 주재권lordship은 창조세계 모든 곳에 미치는 그분의 통제력, 명령을 내릴 권세, 그리고 그분의 임재로 이루어져 있다.[13] 인간의 주재권도 비슷하다. 하나님은 아담과 하와에게 다른 모든 피조물을 다스리기에 충분한 통제력과 권세를 주셨고 그들에게 인간의 임재를 통해 이 땅을 "충만하게 하라"는 소명을 주셨다. 동물이나 사물이 인간의 주재권과 마주할 때 그들은 하나님과 마주하는 것

---

[13] 나의 다른 책들, 특히 『주권 신학』(Theology of Lordship) 시리즈와 『조직신학』(Systematic Theology)에서도 이러한 통제력, 권세, 그리고 임재를 "주재권의 속성"으로 갖는 신적 주재권이란 개념을 옹호한다. 여기서도 나는 일정 정도 이 패턴을 따랐다. 하나님의 위대성과 유일성은 특히 그분의 통제력의 표현이며, 그분의 지혜와 선하심은 그분의 권세의 표현이며, 그분의 임재 역시 주재권이 갖는 속성의 한 표현이다.

5장 임재

이다. 인간에게 주재권을 부여하시고 공인하신 분이 하나님이시기 때문이다.

마찬가지로 우리가 우리 자신과 다른 사람들을 바라볼 때 우리는 하나님을 바라보는 것이다. 내가 1장 서두에 인용한 시편 8편은 하나님의 위대성을 강조하면서 하나님의 위대성을 드러내는 주된 증거로 인간의 형상을 거론한다. 다시 살펴보자.

주의 손가락으로 만드신 주의 하늘과
주께서 베풀어 두신 달과 별들을 내가 보오니
사람이 무엇이기에 주께서 그를 생각하시며
인자가 무엇이기에 주께서 그를 돌보시나이까
그를 하나님보다 조금 못하게 하시고
영화와 존귀로 관을 씌우셨나이다
주의 손으로 만드신 것을 다스리게 하시고
만물을 그의 발 아래 두셨으니
곧 모든 소와 양과 들짐승이며
공중의 새와 바다의 물고기와

바닷길에 다니는 것이니이다(시 8:3-8).

하나님처럼 우리에겐 영화와 존귀가 있고, 수많은 종류의 짐승과 새와 물고기, 곧 모든 피조물을 다스릴 권세가 있다.

이것이 의미하는 바는 우리가 자연에서 드러나는 그분의 위대성, 유일성, 지혜, 선을 통해 하나님을 알 수 있는 것과 똑같이, 우리 자신을 알아가는 것을 통해서도 하나님을 알 수 있다는 것이다. 하나님은 어떤 사람이나 사물보다도 우리와 가까이 계신다. 우리의 사고와 몸을 구성하는 모든 부분이 그분을 계시한다. 그분처럼 우리 역시 위대하다. 인류는 이땅의 모든 환경 속에서 다스리고 지배하는 종(種)이 되었다.

> 우리가 자연에서 드러나는 그분의 위대성, 유일성, 지혜, 선을 통해 하나님을 알 수 있는 것과 똑같이, 우리 자신을 알아가는 것을 통해서도 하나님을 알 수 있다는 것이다

하나님처럼 우리 역시 유일하면서도 여럿이다. 각 사람

은 유일하지만 많은 기관과 세포의 놀라운 복합체다. 창세기 1장 28절에서 드러나는 하나님의 형상으로서 우리는 얼마나 놀라운 피조물인가! 우리를 조합하신 분은 얼마나 더 놀라우신 분인가!

그 하나님은 우리가 날마다 들여다보는 거울처럼 우리 가까이 계시다. 그분은 우리의 모든 기관에 흐르고 있는 피만큼이나 우리 가까이 계시다. 그분은 하나의 생각에서 다른 생각으로 우리의 뇌를 움직이는 전기 신호만큼 우리 가까이 계시다. 그리고 그 임재를 통해 우리는 그분이 실존하심을 안다.

> 귀를 지으신 이가 듣지 아니하시랴
> 눈을 만드신 이가 보지 아니하시랴
> 뭇 백성을 징벌하시는 이
> 곧 지식으로 사람을 교훈하시는 이가
> 징벌하지 아니하시랴
> 여호와께서는 사람의 생각이 허무함을 아시느니라
> (시 94:9-11).

하나님은 눈 없이도 우리가 눈으로 보는 모든 것과 훨씬 더 많은 것을 보신다. 그분은 귀 없이도 우리가 귀로 듣는 모든 것과 훨씬 더 많은 것을 들으신다. 우리의 눈은 그분의 시력의 형상이며 우리의 귀는 그분의 청력의 형상이다. 우리의 팔은 "여호와의 팔"(사 51:9, 53:1)의 형상이다. 우리의 목소리는 그분의 목소리의 형상이다.

> 여호와의 소리가 물 위에 있도다
> 영광의 하나님이 우렛소리를 내시니
> 여호와는 많은 물 위에 계시도다
> 여호와의 소리가 힘 있음이여
> 여호와의 소리가 위엄차도다
> 여호와의 소리가 백향목을 꺾으심이여
> 여호와께서 레바논 백향목을 꺾어 부수시도다…
> 여호와의 소리가 암사슴을 잉태하게 하시고
> 삼림을 말갛게 벗기시니
> 그의 성전에서 그의 모든 것들이 말하기를
> 영광이라 하도다(시 29:3-5, 9).

그러나 불신앙은 비록 하나님이 거울 속에 계시거나, 심지어 우리 자신의 몸과 마음속에 하나님의 모습이 비친다 하더라도 하나님 보기를 거부한다. 믿음 없는 사상가들은 위의 시편 본문에서 하나님이 자신의 형상대로 사람을 지으신 게 아니라 사람이 자신의 형상대로 하나님을 빚은 것이라고 주장한다. 이 비난에도 일말의 진실이 있긴 하다. 불신자는 실제로 자신의 형상대로 여러 신을 주조하기 때문이다. 이는 정확히 사도행전 14장, 17장, 로마서 1장에서 우리가 살펴본 우상숭배에 대한 성경의 비평이기도 하다. 그러나 사람들이 만든 우상은 참되신 하나님을 전혀 닮지 않았다. 우상은 경배심이 아닌 비웃음을 자아낼 뿐이다.

목공은 줄을 늘여 재고 붓으로 긋고 대패로 밀고 곡선자로 그어 사람의 아름다움을 따라 사람의 모양을 만들어 집에 두게 하며…그는 자기를 위하여 백향목을 베며 디르사 나무와 상수리나무를 취하며 숲의 나무들 가운데에서 자기를 위하여 한 나무를 정하며 나무를 심고 비를 맞고

자라게도 하느니라 이 나무는 사람이 땔감을 삼는 것이거늘 그가 그것을 가지고 자기 몸을 덥게도 하고 불을 피워 떡을 굽기도 하고 신상을 만들어 경배하며 우상을 만들고 그 앞에 엎드리기도 하는구나 그 중의 절반은 불에 사르고 그 절반으로는 고기를 구워 먹고 배불리며 또 몸을 덥게 하여 이르기를 아하 따뜻하다 내가 불을 보았구나 하면서 그 나머지로 신상 곧 자기의 우상을 만들고 그 앞에 엎드려 경배하며 그것에게 기도하여 이르기를 너는 나의 신이니 나를 구원하라 하는도다 그들이 알지도 못하고 깨닫지도 못함은 그들의 눈이 가려서 보지 못하며 그들의 마음이 어두워져서 깨닫지 못함이니라 마음에 생각도 없고 지식도 없고 총명도 없으므로 내가 그것의 절반을 불사르고 또한 그 숯불 위에서 떡도 굽고 고기도 구워 먹었거늘 내가 어찌 그 나머지로 가증한 물건을 만들겠으며 내가 어찌 그 나무토막 앞에 굴복하리요 말하지 아니하니…그는 재를 먹고 허탄한 마음에 미혹되어 자기의 영혼을 구원하지 못하며 나의 오른손에 거짓 것이 있지 아니하냐 하지도 못하느니라(사 44:13-20).

성경에서 우상 숭배는 무지몽매함의 전형적인 예다. 우상숭배를 자행하는 사람은 눈, 귀, 팔, 사고의 참 근원이 나뭇조각이 아니라 하나님이심을 분별하지 못한다.

우상 숭배는 하나님을 폄하할 뿐만 아니라 하나님의 참 형상인 우리 자신을 폄하하는 행위다. 어떻게 하나님의 참 형상인 인간이 하나님이 아닌 무언가에, 심지어 하나님의 형상도 아닌 것에 고개를 숙일 수 있는가?

> 우리가 하나님의 참 형상이라면 어떻게 사람들이 거울을 들여다보며 하나님을 못 볼 수 있는가?

이건 뭔가 대단히 잘못되었다. 우리가 하나님의 참 형상이라면 어떻게 하나님께 반역할 수 있는가? 우리가 하나님의 참 형상이라면 어떻게 사람들이 거울을 들여다보며 하나님을 못 볼 수 있는가? 위대성, 유일성, 지혜, 선을 대할 때와 마찬가지로 죄인들은 하나님의 임재에도 스스로 눈을 감는다. 그러나 하나님은 "우리 각 사람에게서 멀리 계시지 아니하도다 우리가 그를 힘입어 살며 기동하며 존재하느니라 너희 시인 중 어떤 사람들의 말과 같이 우리가 그의 소생이라"(행 17:27-28).

하나님의 형상에 대한 우리의 왜곡된 인식을 어떻게 바로잡을 수 있는가? 완전하고 부패하지 않은 형상이 바로 예수 그리스도 안에 있다. "그는 보이지 아니하는 하나님의 형상이시요 모든 피조물보다 먼저 나신 이시니 만물이 그에게서 창조되되 하늘과 땅에서 보이는 것들과 보이지 않는 것들과 혹은 왕권들이나 주권들이나 통치자들이나 권세들이나 만물이 다 그로 말미암고 그를 위하여 창조되었고 또한 그가 만물보다 먼저 계시고 만물이 그 안에 함께 섰느니라"(골 1:15-17).

그 안에 "하나님의 모든 충만하신 것"이 있는 분보다 더 나은 하나님의 형상이 또 어디 있는가? 그런데 그는 우리처럼 생활하시고 우리처럼 시험 받으셨으나 죄는 없는 온전한 인간이다(히 4:15). 그래서 "자녀들은 혈과 육에 속하였으매 그도 또한 같은 모양으로 혈과 육을 함께 지니심은 죽음을 통하여 죽음의 세력을 잡은 자 곧 마귀를 멸하시며 또 죽기를 무서워하므로 한평생 매여 종 노릇 하는 모든 자들을 놓아 주려" 하신다(히 2:14-15).

그렇다면 우리는 자기 형상대로 우리를 지으신 하나님을 예수 안에서 (죄로 인한 왜곡됨 없이) 또렷하게 볼 수 있다. 예수는 우리의 자연적 시력으로는 "거울로 보듯 희미하게" 보이는 것을 선명하게 계시하신다(고전 13:12).

묵상과 토론을 위한 질문

1. 하나님이 어떤 식으로든 우리의 경험에 임재하지 않으시면서도 우리에게 위대하고 유일하고 지혜롭고 선한 존재로 계실 수 있는가?
2. 하나님이 언제든 어디서든 우리와 가까이 계신다는, 임재라는 속성을 감안할 때 하나님을 이해하지 않고서 무언가를 이해하는 것이 가능한가? 왜 가능한가, 혹은 왜 가능하지 않은가?
3. 시편 34:18, 119:51, 145:18을 찾아보라. 이 구절들이 하나님의 가까이 계심에 관해 가르치는 바는 무엇인가?
4. "우리는 하나님을 알지 못하고서는 우리 자신을 알 수 없다"는 말은 무슨 의미인가?
5. 우리에게 있는 위대성, 유일성, 지혜, 선, 임재를 통해 인간과 하나님을 비교해 보라. 우리는 어떤 면에서 하나님을 닮았는가? 우리는 어떻게 하나님과 다른가?
6. 우리가 하나님의 형상대로 지음 받은 존재라는 논의가 인간이 저지른 죄의 참상을 분명하게 이해하는 데 도움이 되는가? 어떻게 그러한가?

추천도서

John Frame, *The Doctrine of God. Phillipsburg*, NJ: P&R, 2002. 여기서도 나는 하나님의 주(재)권의 여러 속성 가운데 하나님의 임재에 대해 다루었다. 특히 6장과 7장을 보라. 『신론-주권신학 시리즈2』 존 프레임, P&R(개혁주의신학사)

2부

인간 본성의 증거

1부 '창조세계의 증거' 마지막 장에서 나는 어떻게 우리 자신이 자연의 일부인가를 논했다. 만일 우리가 자연을 통해 하나님의 위대성, 유일성, 지혜, 선, 임재를 알 수 있다면 우리는 또한 우리 자신을 통해서도 하나님을 알 수 있다. 우리가 하나님의 형상이기 때문이다. 우리는 하나님의 흔적이 드러나는 세상에서 모종의 역할을 감당한다. 하나님은 피조물로 지구를 가득 채우신 다음 자신에게 복종하게 하셨고, 또 아담과 하와에게 동일한 소명을 주셨다(창 1:26-28). 그래서 우리 자신은 창조주의 계시다. "나를 지으심이 심히 기묘하심이라"(시 139:14)고 했기에 우리의 자기 자신에 대한 지식은 하나님께 대한 경배로 우리를 인도한다. 양심이 그렇다. 하나님이 옳고 그름의 원저자이시기에 하나님은 자신의 도덕적 기준을 읽고 준수하도록 인간의 양심을 만드셨다. 그리고 내가 5장, 하나님의 임재에 관한 논의에서 유독 강조했듯 우리는 우리의 실존의 거울에 비친 하나님을 피해 갈 수 없다.

이제 2부에서는 양심을 보다 직접적으로 살펴보고자 한다. 나는 우리 자신 속에서 하나님의 임재를 발견할 수 있다고 했다. 하나님이 우리 자신 속에서 하시는 일 중에는 선악의 계시가 있다. 이는 다름 아닌 우리가 양심이라고 부르는 것이다. 양심은 어떻게 하나님을 증거하는가? 양심의 어떤 면모가 우리에게 하나님의 실존을 확증시켜주는가? 이 질문들에 답하기 위해 나는 양심의 네 가지 상태, 즉, 네 가지 종류의 도덕성을 살펴볼 것이다. 하나님은 그 속에서 각기 다른 방식으로 우리에게 나타나신다. 네 가지 상태는 화인 맞은 양심, 고발하는 양심, 깨어난 양심, 선한 양심이다.

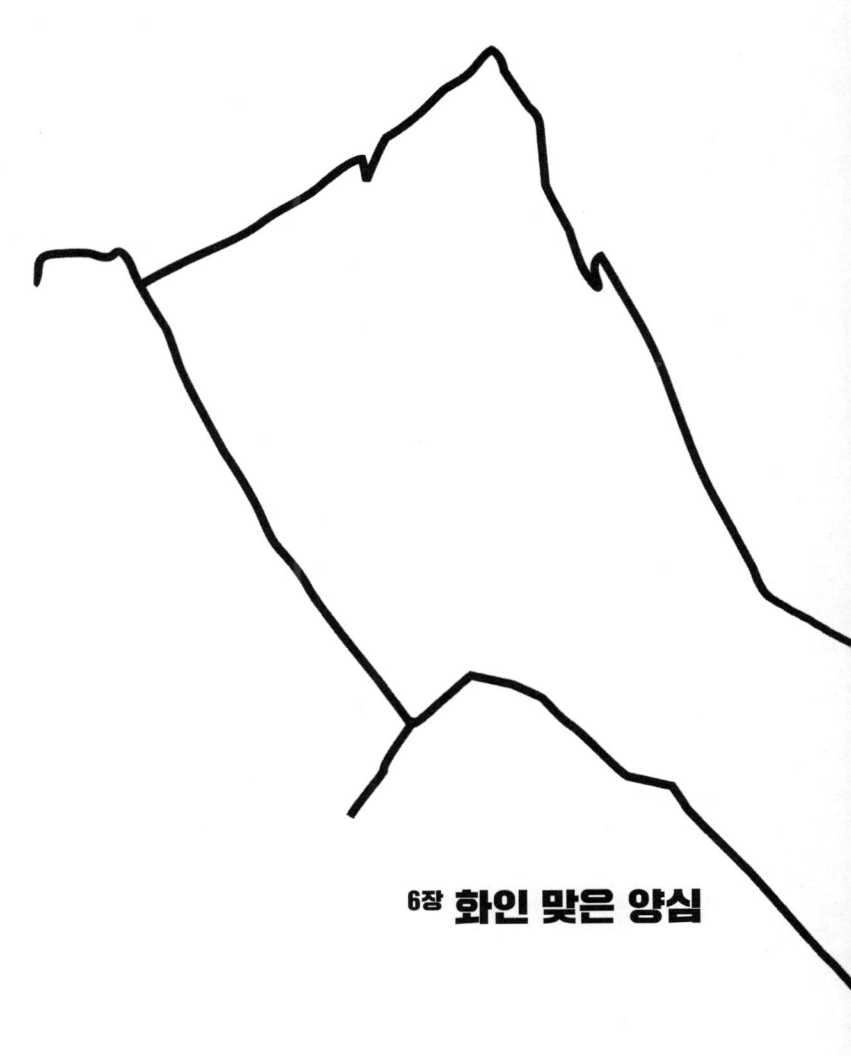

6장 **화인 맞은 양심**

여호와께서 사람의 죄악이 세상에 가득함과

그의 마음으로 생각하는 모든 계획이

항상 악할 뿐임을 보시고

창세기 6:5

기록된 바 의인은 없나니 하나도 없으며

깨닫는 자도 없고 하나님을 찾는 자도 없고

다 치우쳐 함께 무익하게 되고

선을 행하는 자는 없나니

하나도 없도다

로마서 3:10-12

5장에서 우리는 성경이 인간을, 하나님을 거역하는 반역자로 묘사했음을 보았다. 앞에 인용된 창세기 6장 5절 말씀은 홍수 심판 전 인간의 도덕적 상태에 대한 하나님의 진단이고 두 번째 로마서 3장의 인용문은 이방인과 유대인 모두의 죄인 됨을 기술한 뒤 바울이 내린 결론이다.

그러나 같은 로마서에서 우리 모두가 하나님에 대한 명료한 지식을 가지고 있다고 말한 바울이 어떻게 이런 결론을 내릴 수 있는가(롬 1:18-20). 도무지 이토록 명료한 지식을 거슬러 반역하는 사람이 있다는 게 선뜻 이해하기 어렵다. 그러나 그것이 바울의 논점이다. 우리의 죄질이 매우 나쁜 이유는 무지 중에 행한 것이 아니라 하나님이 우리에게 기대하시는 바를 명료하게 이해한 상태에서 행했기 때문이다. 달리 말하면 우리의 무지는 완고한 무지다.

죄는 결코 이성적인 행위가 아니다. 사탄이 처음 하나

님께 반역했을 때 그는 하나님이 누구신지, 하나님이 자신에게 어떤 일을 하실 수 있는지 모르지 않았다. 그럼에도 사탄은 하나님을 권좌에서 밀어내고 그 자리를 꿰차려고 했다. 사탄은 여러 면에서 우리보다 훨씬 똑똑하지만 그의 반역은 상당히 비이성적이었고 어떤 면에서는 자신의 계획이 실패로 마감하리란 사실을 알았을 것이 분명하다. 사탄의 추종자들 역시 단기적으로는 지혜와 총명으로 많은 찬사를 받을지언정 비슷하게 비이성적이다(성경은 그들을 '어리석다'고 한다).

> 죄는 결코 이성적인 행위가 아니다.

양심은 선악에 대한 우리의 지식, 곧 도덕과 윤리에 대한 우리의 지식이다. 그러나 이는 단순히 학구적 지식이 아니다. 우리가 양심이라고 하는 것은 깊은 인격적 경험이다. 양심은 선악에 관한 우리의 지식을 넘어서서 우리 자신과 타인 속에 내재하는 선악에 대한 실제적인 감각, 또는 느낌이다. 양심은 우리를 등 떠밀거나 짜증나게 하거나 심지어 공격하기도 하는 무언가다. 양심은 우리가 잘못을 저지르면 기분을 침울하게 하며 올바른 일을 하면 그 기분을 상쾌하게도 한다.

그러나 양심이 늘 같은 방식으로 작용하는 것은 아니다. 그래서 나는 이 책에서 화인 맞은^{seared} 양심, 고발하는^{accusing} 양심, 깨어난^{awakened} 양심, 선한^{good} 양심으로 나누어 이야기하고자 한다. '화인 맞은' 또는 '더럽혀진'^{defiled} 양심은 사악함으로 인해 대체로 무력해진 양심이다. 바울은 후계자인 디모데와 디도에게 거짓 교사에 관해 경고하며 그들이 이런 상태에 있다고 말한다.

> 그러나 성령이 밝히 말씀하시기를 후일에 어떤 사람들이 믿음에서 떠나 미혹하는 영과 귀신의 가르침을 따르리라 하셨으니 자기 양심이 화인을 맞아서 외식함으로 거짓말하는 자들이라(딤전 4:1-2).

> 깨끗한 자들에게는 모든 것이 깨끗하나 더럽고 믿지 아니하는 자들에게는 아무 것도 깨끗한 것이 없고 오직 그들

의 마음과 양심이 더러운지라(딛 1:15).

> 화인 맞은 양심은 남을 괴롭히는 자, 범죄자, 폭군의 마음이다.

바울은 이런 사람들을 도덕적으로 구제불능이라고 묘사한다. 그들은 그릇 행하고 그릇 가르칠 뿐만 아니라 옳고 그름을 느낄 역량 자체가 훼손되었다. 그들은 불순종의 길로 너무 멀리 접어들어 인간적으로 말하면 하나님의 길을 따르거나 그나마 남아있는 도덕적 감수성의 이끌림을 인정할 가망이 없다. 그들의 양심을 수리하기 전에는 그들의 사고나 행동의 다른 영역이 고쳐질 가능성은 없다.

화인 맞은 양심은 남을 괴롭히는 자, 범죄자, 폭군의 마음이다. 화인 맞은 양심의 소유자들은 그 어떠한 도덕적인 고려도 하지 않는 것처럼 보인다. 그들은 어떤 도덕성의 제한도 없이 타인에게 권력을 행사하고자 한다.

힘과 옳음이 늘 충돌하는 것은 아니다. 둘 다 하나님의 속성이다.[14] 하나님이 하시는 모든 일은 그분의 권력의 발현이고, 그분은 모든 권능의 행위를 마땅히 행하실 권리를 가지고 계시다. 하나님은 우주 최고의 권세이자 권위이시다. 즉, 그분의 성품이 옳고 그름을 결정한다. 그러므로 그분의 모든 권능의 행위는 옳으며, 그분의 옳음은 그분이 하시는 모든 일을 정당화한다. 하나님은 모든 힘 있는 것과 옳은 것, 둘 다의 기준이시다.

그러나 인간 역사에서는 힘과 옳음은 종종 긴장 관계였다. 타락한 인간은 종종 옳은 길을 외면하고 권세만을 좇는 습성에 빠졌다. 우리 모두 도덕적으로 전혀 개의치 않으며 양심의 이끌림을 전혀 느끼지 않는 듯한 사람들을 알고 있다. 학교에서 남을 괴롭히는 아이들이 전형적인 예다. 그 아이는 같은 반 아이의 돈이나 귀중품을 빼앗다가 지적을 받는다 해도 크게 개의치 않는다.

조직폭력단 두목에 대해 사회는 어떤 권위를 인정하지 않는다. 그의 삶에는 협잡과 술수와 대적들과의 권력 다

---

14 『신론-주권신학 시리즈2』에서 나는 이것들이 각각 통제 및 권위와 동등한 것이라고 주장했다. 이는 하나님의 주재권을 규정하는 세 가지 속성 중 두 가지에 해당한다(나머지 하나는 '임재'다).

툼이 있을 뿐이다. 그는 존중받을 만한, 즉 '가치'를 부여하는 자질을 갖추는 것과 무관하게, 단지 자신이 휘두를 권력이 있기에 사람들로부터 존중받기를 바란다.

마찬가지로 상습적 범죄자들은 자신들과 경찰의 차이점이 단지 힘의 차이라고 생각한다. 만일 오늘 경찰이 자신을 붙잡으면 경찰이 일승을 거둔 것이다. 그는 살아서 다시 경합할 날을 기다린다.

우리는 또한 정권을 잡으면 앞뒤 안 가리고 사욕을 채우며 남에게는 적용되는 법이 자기에게는 적용되지 않는다고 여기는 정치인들의 소식을 날마다 듣는다. 그들은 일말의 주저함도 없이 사리를 취하고 정적을 제거하기 위해 권력을 휘두른다.

역사적으로 기독교는 오직 하나님만이 무슨 일이든 자신의 뜻대로 하실 권리가 있으며 인간은 하나님을 영화롭게 할 권력만을 추구해야 한다고 가르쳤다. 이런 가르침을 통해 기독교는 권력 다툼을 완화시켜 왔다. 같은 원리로 기독교는 재화의 교환을 자발적 거래로 제한하고 만인의 권리를 존중함으로써 사회 평화에 공헌했다.

자신을 위해 권력을 장악하고 행사하려는 충동에 제동을 거는 것이 양심이다. 만일 양심이 제기능을 하지 않는다면, 사람들은 단지 힘을 얻기 위해 권력을 좇는 정도의 윤리 수준으로 추락하고 말 것이다. 이렇게 어그러진 사회에서는 모든 것이 삐그덕거릴 것이다.

그러나 화인 맞은 양심이라고 완전히 기능이 마비된 것은 아니다. 화인 맞아도 양심은 양심인지라, 완전히 실체가 없어지지지는 않는다. 죄인은 자주 양심을 외면하지만 양심은 여전히 그곳에 있다. 화인 맞은 양심의 소유자라도 도덕을 망각한 것은 아니다. "그들이 이같은 일을 행하는 자는 사형에 해당한다고 하나님께서 정하심을 알고도 자기들만 행할 뿐 아니라 또한 그런 일을 행하는 자들을 옳다 하느니라"(롬 1:32).

> 양심은 최악의 상태에 있을지라도 하나님을 계시한다.

우리가 이미 보았듯 죄인도 하나님에 관한 명료한 지식을 가지고 있으며(롬 1:18-21) 그 지식에는 하나님의 도덕

기준에 대한 지식도 포함되어 있다. 끔찍한 일을 행한 죄인은 얼핏 윤리적 기준에 전혀 아랑곳하지 않는 듯 보여도 그 마음 깊숙한 어딘가에서는 자신이 누군가를 배반했음을 안다.

양심은 최악의 상태에 있을지라도 하나님을 계시한다. 화인 맞은 양심을 가진 자는 "사형에 해당한다고 하나님께서 정하심을 알고도" 행하는 것이다. 도덕은 인격적 원천이 없다면 (즉 하나님으로부터 나온 것이 아니라면) 무의미하다. 그래서 도덕적 원칙이 우리의 양심을 건드리는 것은 그 안에서 인격적 상호작용이 발생하기 때문이다. 양심은 하나님의 음성이기에 중요하다.

그렇다고 해서 양심이 무오한 것은 아니다. 우리가 차차 보겠지만 양심은 훈련과 계몽이 있어야 한다. 화인 맞은 양심은 우리의 행동을 지휘할 힘을 상실했고 치유되어야만 한다. 양심은 하나님의 직접적 영감으로 쓰여진 문서인 성경과 같지 않다. 우리는 어떻게 행해야 할지를 놓고 양심을 마치 글처럼 읽을 수는 없다. 그런 면에서 양심은 하나님 자신의 말씀보다는 자연계시와 더 비슷하다. 그러나 부족한 언어적 정확성은 친밀함으로 상쇄된다. 양심이 제기능을 할 때, 하나님은 우리 '마음속에서' 말씀하신다. 그리고 하나님이 우리 '마음속에서' 말씀하실 때 우리는 결코 하나님이 거기에 계심을 의심할 수 없을 것이다.

양심은 오직 하나님만 가지고 계신 그런 권위를 주장한다. 일단 양심이 깨어나고 스스로 명료하게 표현하도록 훈련된다면 우리는 양심의 촉구를 준수할 무조건적인 의무감을 느끼게 된다.

내가 마음이 혹하여 어떤 친구를 배반하려고 할 때 나는 그것이 잘못임을 '안다.' 나는 그 일을 해서는 '안 된다.' 그 '안 된다'는 나의 정욕을 꺾으라고 내게 호소하므로 내 자신의 정욕에서 비롯된 게 아니다. 그것은 종^{種}의 보존을 위한 진화적 흐름으로 말미암은 정신의^{mental} 끌어당김도 아니다. 배반은 단지 나의 친구나 나나 종^{種}의 보존을 위해 나쁜 게 아니라, 객관적으로 나쁘다. 하나님보다 하위의 권위자들도 배반이 어떻게 나 자신의 유익이나 친구나 종^{種}의 유익을 저해하는지 말할 수는 있다. 그러나 오직 하나님만이 내게 무엇이 객관적으로 그릇되었는지를 알려줄 권위를 갖고 계시다.

    우리는 양심의 목소리를 잠재우기 위해, 심지어 무감각해지기 위해 갖은 노력을 다하기도 한다. 그러나 양심은 우리에게 말하기와 고발하기를 멈추지 않을 것이다. 양심은 우리의 내면에서 하나님을 대신하여 변론한다.

묵상과 토론을 위한 질문

1. '죄는 결코 이성적인 행위가 아니다'가 참이라면 왜 하나님을 강하게 거부하는 숱한 사람들이 지성인으로 이름을 떨쳤는가?
2. 주변 사람 혹은 잘 알려진 공인 중에서 화인 맞은 양심을 가진 사람을 떠올려볼 수 있는가? 그가 화인 맞은 양심의 소유자라는 증거는 무엇인가?
3. 하나님께는 힘(권력)과 옳음이 같은 것인가? 왜 그런가, 또는 왜 그렇지 않은가?
4. 하나님이 화인 맞은 양심을 통해서도 말씀하시는가? 어떻게 그런지 또는 그렇지 않은지 설명해 보라.

추천 도서

William Ames, *Conscience with the Power and Cases Thereof.* Puritan Reprints, 2010.

J. Budziszewski, *The Revenge of Conscience: Politics and the Fall of Man.* Eugene, OR: Wipf and Stock, 2010.

―――, *What We Can't Not Know: A Guide.* San Francisco: Ignatius Press, 2011.

Jonathan Edwards, *The Nature of True Virtue*, in Paul Ramsey, ed., *Ethical Writings*, in Works of Jonathan Edwards, Vol. 8. New Haven, CT: Yale University Press. 『참된 미덕의 본질-조나단 에드워즈 클래식 08』 조나단 에드워즈, 부흥과개혁사

John Frame, *Doctrine of the Christian Life.* Phillipsburg, NJ:

P&R, 2008. 361-382를 보라. 특히 362-364를 보라.『기독교 윤리학-주권신학 시리즈3』존 프레임, P&R(개혁주의신학사)

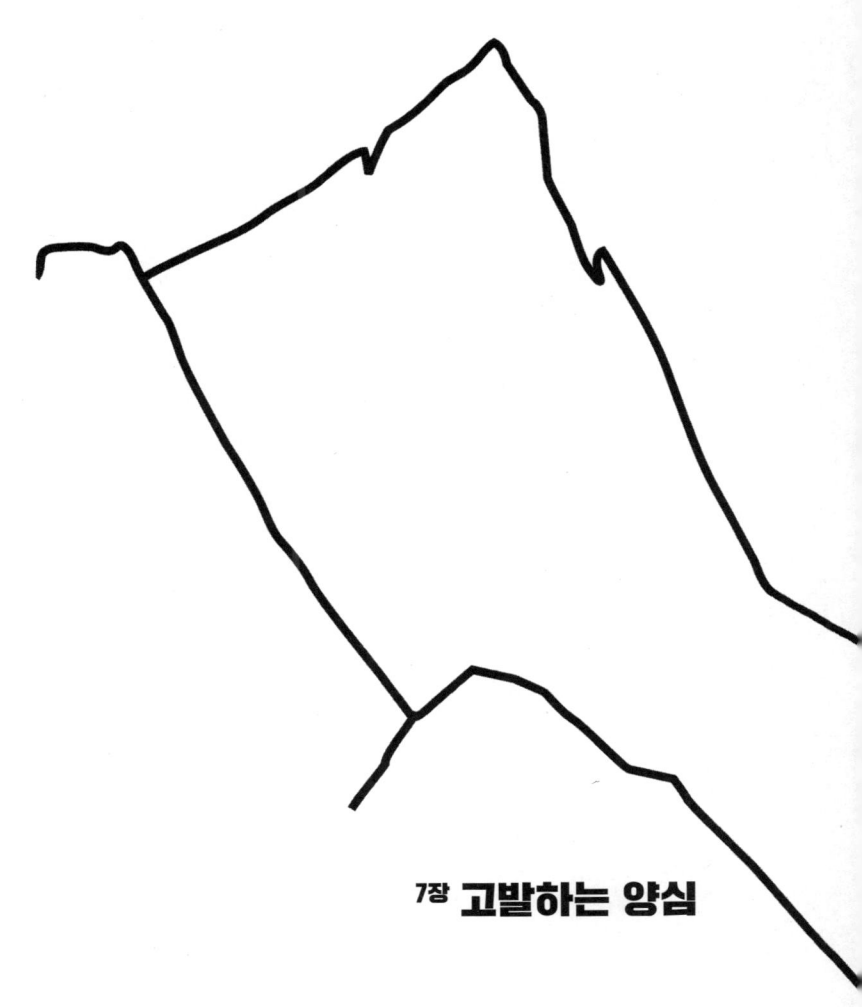

7장 고발하는 양심

율법 없는 이방인이 본성으로 율법의 일을 행할 때에는 이 사람은 율법이 없어도 자기가 자기에게 율법이 되나니 이런 이들은 그 양심이 증거가 되어 그 생각들이 서로 혹은 고발하며 혹은 변명하여 그 마음에 새긴 율법의 행위를 나타내느니라

로마서 2:14-15

우리는 양심이 완전히 무기력해지는 일은 결코 없다는 것을 보았다. 하나님은 화인 맞은 양심을 통해서도 말씀하신다. 실제로 어떤 이들은 하나님을 멸시하는 와중에도 다른 면에서는 매우 양심적으로 살아간다. 하나님을 인정하지 않으면서도 옳고 그름에 관해서는 할 말이 많은 사람들을 우리는 적잖이 만나 보았다. 복음서에서 예수님은 바리새인과 사두개인의 마음 상태에 대해 부정적으로 평가하시는데, 그들 역시 많은 시간과 공을 들여 하나님의 율법을 연구하며 합당한 율법 해석을 놓고 치열한 논쟁을 벌이며 율법을 어긴 자들을 고발한다.^{accuse} 그들은 당대의 대표적인 도덕주의자들이었다.

바울은 로마서 2장 14-15절에서 이방인 도덕주의자들에 대해서도 동일한 말을 한다. 그들 역시 하나님의 형상대로 지음 받았다. 그렇기 때문에 "그 마음"에 새겨진 하나님의 율법을 나타낸다.[15] 이방인들도 자신이 하나님을 섬기기 위해 창조되었음을 인정하지 않을 수 없다. 그것을 인정할 때 양심은 우리가 하나님의 형상대로 창조되었다는 사실의 도덕적 의미를 도출하게 된다. 물론 도덕적 통찰에 도달하는 여정은 쉽지 않다. 그들의 사고는 서로 충돌을 일으키기 때문이다. 그럼에도 그들은 도덕적인 용어로 스스로를 나타내려 한다. 그들은 자신과 타인의 행동을 도덕적인 관점에서 고발하거나 변명한다. 비록 그들의 고발과 변명이 종종 그릇되긴 하나 이는 이방인의 사고 속에서도 여전히 도덕이 매우 중요한 문제임을 보여준다.

우리의 문화도 마찬가지다. 주변을 둘러보면 참 믿음은 찾기 어렵고 도덕적 논쟁만 무성하다. 사람들은 끝도 없이 고발하고 변명한다. 요즘은 말 한마디만 잘못해도 공개 사

---

15 때로 성경에 나오는 "그 마음에" 하나님의 율법이 "새겨졌다"는 표현은 매우 순종적인 기질을 가리키곤 한다. 하나님의 율법이 그 마음에 새겨진 사람은 순종이 천성인 듯 순종을 즐거워하는 사람이다(신 6:6, 렘 31:33, 히 8:10). 그러나 나는 이 본문의 표현은 그런 뜻이 아니라고 생각한다. 우선 바울은 여기서 이방인의 마음판에 새겨진 "율법"이 아니라 "율법의 일"(the work of the law)에 대해 말한다. 아울러, 이 본문은 문맥상 실천적 순종이 아니라 신적 계시에 대한 접근을 다루고 있다.

과를 요구받는 시대인 듯하지만 정작 시민 사회의 전반적인 도덕성은 그 어느 때보다 땅에 떨어졌다. 오직 고발과 변명의 공방전만 요란하다.

물론 나 자신의 잘못을 고백하는 것보단 다른 누군가의 잘못을 고발하는 편이 쉽다. 바리새인처럼 우리 시대의 많은 이들이 남의 잘못을 고발하는 데에는 발 빠르고 자신의 잘못을 인정하는 데에는 느려 터졌다. 이는 비록 고발하는 양심이 화인 맞은 양심보다는 한 단계 높은 수준이라도 여전히 타락의 영향력 아래 있음을 보여준다. 화인 맞은 양심처럼 고발하는 양심 역시 여러 면에서 무지몽매하다. 좋은 소식은 화인 맞은 양심처럼 고발하는 양심 속에서도 하나님이 말씀하신다는 것이다.

> 주변을 둘러보면 참 믿음은 찾기 어렵고 도덕적 논쟁만 무성하다.

그러므로 남을 판단하는 사람아, 누구를 막론하고 네가 핑계하지 못할 것은 남을 판단하는 것으로 네가 너를 정죄함이니 판단하는 네가 같은 일을 행함이니라 이런 일을 행하는 자에게 하나님의 심판이 진리대로 되는 줄 우리가 아노라 이런 일을 행하는 자를 판단하고도 같은 일을 행하는 사람아, 네가 하나님의 심판을 피할 줄로 생각하느냐 혹 네가 하나님의 인자하심이 너를 인도하여 회개하게 하심을 알지 못하여 그의 인자하심과 용납하심과 길이 참으심이 풍성함을 멸시하느냐 다만 네 고집과 회개하지 아니한 마음을 따라 진노의 날 곧 하나님의 의로우신 심판이 나타나는 그 날에 임할 진노를 네게 쌓는도다(롬 2:1-5).

종국에 고발하는 양심은 스스로를 고발하여 무너뜨리게 된다.

우리는 타인을 고발하는 것으로 하나님의 도덕적 요구를 충족시킬 수 없다. 하나님은 우리에게 자신의 죄를 회개하라고 요청하신다. 고발하는 양심은 자신을 돌아봐야 한다. 하나님이 아직 우리를 심판하지 않으셨다는 사실은 그분의 선하심 덕분이다. 하나님이 자신의 뜻을 거슬러 반역하는 자들(그리고

위선적으로 타인의 잘못을 고발하는 자들)에게조차 선하시다는 사실은 자아의 막다른 골목에 다다른 우리에게 하나님의 자비 외에는 그 어떤 소망도 없음을 보여준다.

종국에 고발하는 양심은 스스로를 고발하여 무너뜨리게 된다. 하나님은 이 양심을 통해 말씀하시지만, 그 말씀의 내용은 이 양심이 크게 달라져야 한다는 것이다. 만일 고발하는 양심이 위선을 넘어서려면 자신의 고발에 스스로 응답해야만 한다. 도덕적 통찰을 창출하는 기계가 아니라 인격적 회개의 그릇이 되어야만 한다. 즉, 깨어난 양심이 되어야 한다.

묵상과 토론을 위한 질문

1. 우리는 '위선'이라는 단어를 어떤 의미로 사용하는가? 자신의 경험이나 주변의 유명인의 삶을 예로 들어보자.
2. 고발하는 양심은 화인 맞은 양심이 하지 못하는 다른 어떤 방식으로 하나님을 계시하는가?
3. 고발하는 양심은 어떻게 스스로를 무너뜨려 종국을 맞이하는지 설명해 보자.

추천 도서

6장 '추천 도서' 목록 참조.

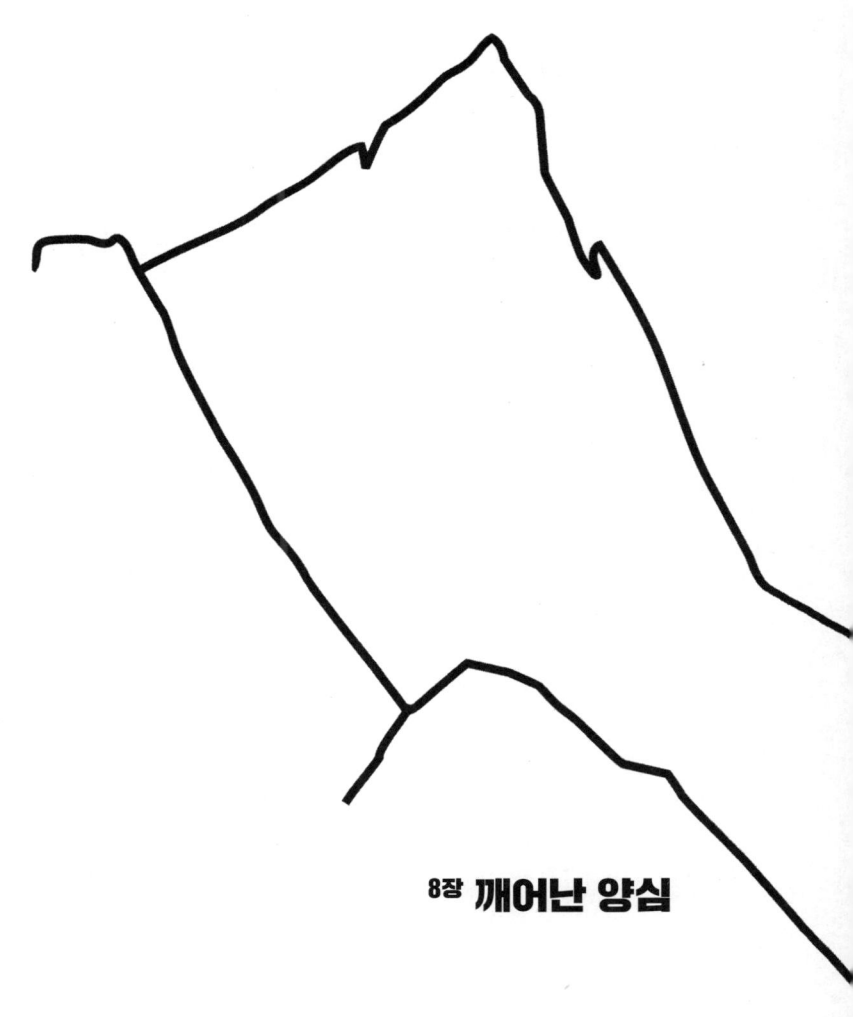

8장 **깨어난 양심**

어두운 데에 빛이 비치라 말씀하셨던 그 하나님께서

예수 그리스도의 얼굴에 있는

하나님의 영광을 아는 빛을

우리 마음에 비추셨느니라

고린도후서 4:6

지난 장에서 우리는 고발하는 양심에는 특정 논리가 내재되어 있음을 살펴보았다. 고발하는 양심은 그 고발을 스스로에게 돌리지 않는 한 자기 소임을 다하지 못한다. 단지 타인을 고발하고 자신에 대해서는 변명으로 일관하는 것은 부당하고 위선적이다. 그러나 우리의 고발하는 양심이 스스로에게 총구를 겨눌 때 무언가 놀라운 일이 벌어질 수 있다. 내가 "벌어질 수 있다"고 한 이유는 이 놀라운 결과가 직접적이거나 필연적이지는 않기 때문이다. 그들의 양심이 자기 방어 기제를 뚫고 나올 때, 많은 경우 오히려 분노나 앙심이나 원통함이 터져나온다. 그들은 슬픔에 잠기고, 무거운 죄책감을 덜어낼 방도가 없다고도 느낀다.

그러나 때로는 하나님이 개입하신다. 가령 바울이 빌립보에서 전도했을 때 하나님은 루디아의 마음을 열어 복음을 믿게 하셨다(행 16:14). 하나님의 주권적 행위, 즉, 은혜로 말미암아 사람의 마음이 불신앙에서 신앙으로 바뀐 것이다. "너희는 그 은혜에 의하여 믿음으로 말미암아 구원을 받았으니 이것은 너희에게서 난 것이 아니요 하나님의 선물이라 행위에서 난 것이 아니니 이는 누구든지 자랑하지 못하게 함이라 우리는 그가 만드신 바라 그리스도 예수 안에서 선한 일을 위하여 지으심을 받은 자니 이 일은 하나님이 전에 예비하사 우리로 그 가운데서 행하게 하려 하심이니라"(엡 2:8-10). 하나님의 은혜, 그리스도 안에서 구원하시는 은총이 우리 삶에 개입할 때 모든 것이 달라진다. 이는 마치 모든 것이 다시 창조되는 것과도 같다. "그런즉 누구든지 그리스도 안에 있으면 새로운 피조물이라 이전 것은 지나갔으니 보라 새 것이 되었도다"(고후 5:17).

> 모든 것이 새롭게 된다면 분명 양심에도 변화가 미치지 않을 수 없을 것이다.

만일 모든 것이 새롭게 된다면 분명 양심에도 변화가 미치지 않을 수 없을 것이다. 히브리서 기자는 구약의 예물과 제사는 "섬기는 자를 그 양심상 온전하게 할 수 없"다고 한다(히 9:9). 예물과 제사는 "그 육체를 정결하게 하여" 성전 예배에 참여할 수 있도록 "깨끗하게" 한다(13절). 그런데 "하물며 영원하신 성령으로 말미암아 흠 없는 자기를 하나님께 드린 그리스도의 피가 어찌 너희 양심을 죽은 행실에서 깨끗하게 하고 살아 계신 하나님을 섬기게 하지 못하겠느냐"(14절).

이 정결해진 양심을 나는 이번 장에서 '깨어난'awakened 양심이라 부르고자 한다. 그리스도 안에서 하나님의 은혜를 통하여 양심은 우리를 성화시키는 수단이 된다. 더 이상 화인 맞거나 더럽혀져 죄에 이의를 제기하지 못하는 무기력한 양심이 아니다. 아울러 다른 이를 고발하고 자신을 변명하는 자기 의의 도구에 불과한 양심도 아니다. 이제 양심은 하나님이 의도하신 대로 작동하기 위해 깨어난다. 우리 자신의 마음에 있는 숨겨진 죄를 드러내고 우리를 회개로 이끈다.

물론 새롭게 깨어난 양심 역시 완벽하진 않다. 양심은 우리를 성화로 이끌어가는 과정에서 스스로도 성화되어야 한다. 양심도 교육 받고 훈련 받아야 한다. 이 과정에서 우리는 양심의 목소리를 청종하고 순종하는 법을 배워야 한다. 아울러 양심 자체도 정확성과 신뢰성 면에서 자라가야 한다. 이는 우리가 하나님의 말씀을 청종하고 인도하심을 구하는 기도를 하고 영적 전투의 경험을 축적하는 과정에서 일어난다.

> 너희는 이 세대를 본받지 말고 오직 마음을 새롭게 함으로 변화를 받아 하나님의 선하시고 기뻐하시고 온전하신 뜻이 무엇인지 분별하도록 하라(롬 12:2).

> 단단한 음식은 장성한 자의 것이니 그들은 지각을 사용함으로 연단을 받아 선악을 분별하는 자들이니라(히 5:14).

여기서 '연단'practice은 헬라어 김나제인gymnazein으로 운동선수의 훈련에 사용되는 단어다. 스포츠처럼 도덕적 성숙도 부단한 연습을 통해 임한다. 기독교인의 삶은 전투(엡 6:10-20) 또는 경주(고전 9:24-27)와도 같다. 사탄과 죄

전방에서 오래 대치한 사람일수록 도덕적 판단을 내리는 경험을 축적하여 향후 양심이 올바른 선택을 할 수 있게 된다.

바울은 일부 신자들은 "약한"weak 양심을 가지고 있다고 말한다(고전 8:7-12, 아울러 롬 14:1-2 참조). 무엇이 약한 양심인가? 자주 양심의 눈을 피해 하나님의 기준에 순종하지 않을 핑곗거리를 찾는 사람이 여기에 해당할 수 있다. 당연히 이런 범주에 속한 신자들이 있다. 그러나 바울은 이 구절에서 '약함'을 다른 의미로 사용한다. 약한 양심은 너무 엄격한 나머지 하나님이 허용하신 것조차 금지하여 우리의 재량권 행사를 가로막는 양심이다. 로마서 14장에서 연약한 신자들은 섭생을 채식으로 제한하며 특별한 절기들을 준수할 것을 고집한다. 고린도전서 8장의 연약한 자들은 우상에게 제물로 바쳐진 음식 먹기를 거부한다. 이 대목에서 바울은 신자가 이런 사안들에 있어서 재량권을 가진다는 '강한' 자의 관점을 옹호한다. 그러나 연약한 자들은 다른 신자들에게 자신들의 그릇된 확신에 동조할 것을 강경하게 요구했다.

> 우리는 느슨함이나 엄격함의 양 극단을 추구할 게 아니라 하나님의 말씀에 합하도록 깨어난 양심을 훈련해야 한다.

이것이 영적 성장의 여정이다. 우리는 느슨함으로 인해 시험을 당하기도 하지만 과도한 엄격함 탓에 시험을 겪기도 한다. 우리는 느슨함이나 엄격함의 양 극단을 추구할 게 아니라 하나님의 말씀에 합하도록 깨어난 양심을 훈련해야 한다. 우리는 하나님이 금하신 것을 허용하거나 하나님이 허용하신 것을 금해서는 안 된다.

이런 주의력과 훈련이 있다면 우리는 하나님을 향한 신실함에서 성장할 수 있다. 성경은 우리가 이생에서는 결코 온전해질 수 없다고 한다(요일 1:8-10). 하지만 우리는 "오직 우리 주 곧 구주 예수 그리스도의 은혜와 그를 아는 지식에서 자라"갈 수 있다(벧후 3:18). 양심의 분별력 면에서 자라가는 것이 그 과정의 일부다.

물론 하나님이 우리의 양심을 통해 말씀하시지 않는다면 이 모든 것은 어불성설이 될 것이다. 그래서 깨어난 양심은 또한 우리의 경험 속에서 하나님의 실존하심을 증거한다. 양심의 목소리는 우리 자신이 스스로에게 하는 독백이 아니다. 양심의 목소리는 우리를 거슬러 말씀하시는 (그러나 그리스도 안에서 이미 우리를 위해 말씀하셨던) 분의 음성이다.

묵상과 토론을 위한 질문

1. 양심이 깨어난다는 것은 무슨 의미인가? 무엇이 양심을 깨우는가?
2. 탁월하게 잘 훈련받은 양심의 소유자를 아는가? 그의 어떤 점을 보고 그렇게 생각했는지 설명해 보자.
3. 때로 우리는 자유를 행사하는 것과 '연약한 형제'를 위해 자유를 제한하는 것 간의 긴장을 경험한다. 이 긴장을 어떻게 처리하는가? 자신의 경험이나 다른 이의 사례를 들어 설명해 보자.

추천 도서

6장 '추천 도서' 목록 참조.

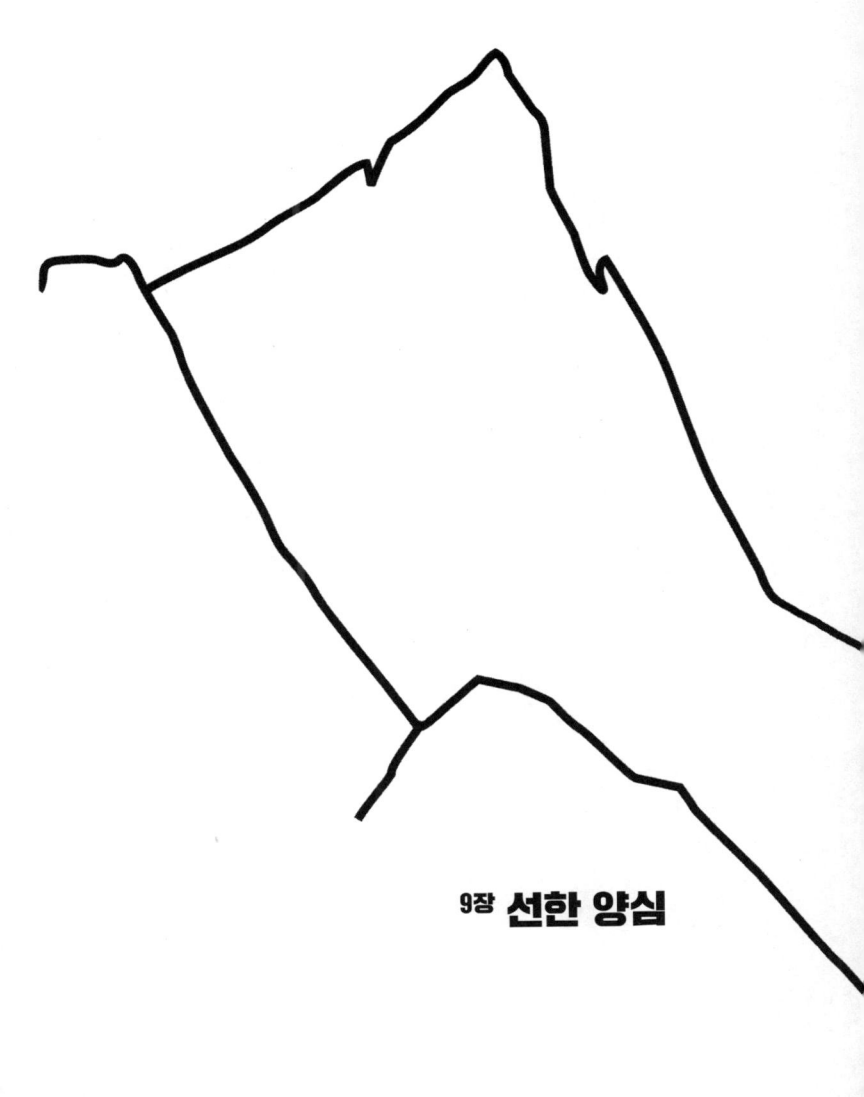

9장 **선한 양심**

선한 양심을 지키라 이는 그리스도 안에 있는 너희의 선행을 욕하는 자들로 그 비방하는 일에 부끄러움을 당하게 하려 함이라

베드로전서 3:16

신약은 종종 "선한"good 양심 또는 "깨끗한"clear 양심을 말한다(행 23:1, 24:16, 딤전 1:5, 19, 3:9, 딤후 1:3, 히 13:18, 벧전 3:21, 아울러 롬 9:1, 13:5, 고후 4:2 참조). 선한 양심은, 우리가 이 세상에서 예수를 신실하게 섬기려고 노력했으며 우리가 행한 일들로 우리가 위선자라는 비난에서 부끄러움을 당하지 않으리라는 사실을 아는 지식이다.

그리스도에 대한 세상의 반대는 실로 뿌리 깊다. 베드로는 앞의 인용문에서 신자들이 복음을 선포하고 복음대로 살면 반대자들이 집요하고 끈질기게 신자를 고발하려고 혈안이 될 것임을 분명히 한다. 바울은 고린도 교회에 보낸 편지에서 자신도 그와 같이 살면서 복음을 전했다고 말한다. "우리가 세상에서 특별히 너희에 대하여 하나님의 거룩함과 진실함으로 행하되 육체의 지혜로 하지 아니하고 하나님의 은혜로 행함은 우리 양심이 증언하는 바니 이것이 우리의 자랑이라"(고후 1:12).

내가 선한 양심을 가지고 있다고 말하는 것은 죄 없는 완전함을 주장하는 게 아니다. 성경은 이생에서는 신자가 완전할 수 없다고 분명히 밝힌다(요일 1:8, 10). 그러나 앞에 인용된 구절의 강조점은 양심이 깨어나고 성령의 이끄심을 받는 기독교인은 삶의 주된 기조에서 신실하게 행동하기에 위선적인 종교인이라는 고발에서 부끄러움을 당하지 않게 된다는 것이다. 물론 언제나 부당한 고발은 있기 마련이며 기실 예상해야 하는 바다. 그러나 선한 양심은 신실함을 측량하고 호의적 평결로 응답한다.

이 평결은 하나님의 평가에 부합한다.[16] 선한 양심은 (하나님이 하시듯) 우리의 행위를 바르게 평가한다. 선한 양심 안에서 하나님은 우리에게 두 가지 방식으로 말씀하신다. 첫째, 선한 양심은 우리의 행위가 하나님을 기쁘시게 한다는 사실을 보여준다. 그러므로 선한 양심은 하나님의 성품

---

16 어원상 양심은 "함께하는 지식"을 뜻한다. 위 본문에 사용된 헬라어 원어 쉰에이데시스(syneidēsis)도 마찬가지다. 그러므로 선한 양심은 하나님과 함께하는 지식이라고 말하고픈 유혹이 들 수도 있지만 어원에 기반한 해석은 좋은 방법론은 아니다. 그러나 우리는 성경 신학에 기반하여 동일한 결론에 도달해야만 한다. 즉 하나님은 선악에 관한 궁극의 권위자시다. 그러므로 선한 양심은 하나님과 동조하는 지식이다.

을 계시한다. 둘째, 선한 양심은 하나님이 우리 안에서 행하신 일들, 곧 우리의 갈망과 의지와 행동을 새롭게 하시려고 우리 안에서 행하신 일들을 보여준다. 우리는 우리 스스로의 노력으로는 선한 양심을 획득할 수 없기 때문이다.

> 선한 양심은 하나님이 하시듯 우리의 행위를 바르게 평가한다.

(뿌리 깊은 부패함을 간직한) 화인 맞은 양심에서 (그리스도의 성숙함을 품은) 선한 양심에 이르기까지, 모든 양심은 그 상태가 어떠한지에 상관없이 하나님을 증거한다. 모든 양심은 그 상태가 어떠한지에 상관없이 우리가 누구인지를 말해 주며, 더불어 하나님이 우리에게 가장 바라시는 것이 무엇지를 말해 준다. 그것은 거룩함과 의로움이다. 마찬가지로 모든 양심은 예수 그리스도를 통한 구속에 대해 말하며, 오직 예수 그리스도만을 통해 우리가 그분 안에서 새로운 피조물로 변화할 수 있음을 말한다.

토론과 묵상을 위한 질문

1. 선한 양심을 갖추기 위해 우리는 얼마나 선해져야 하는가?
2. 선한 양심은 어떻게 하나님의 실존하심을 증거하는가?
3. 양심은 어떻게 그리스도를 증거하는가?

추천 도서

6장 '추천 도서' 목록 참조.

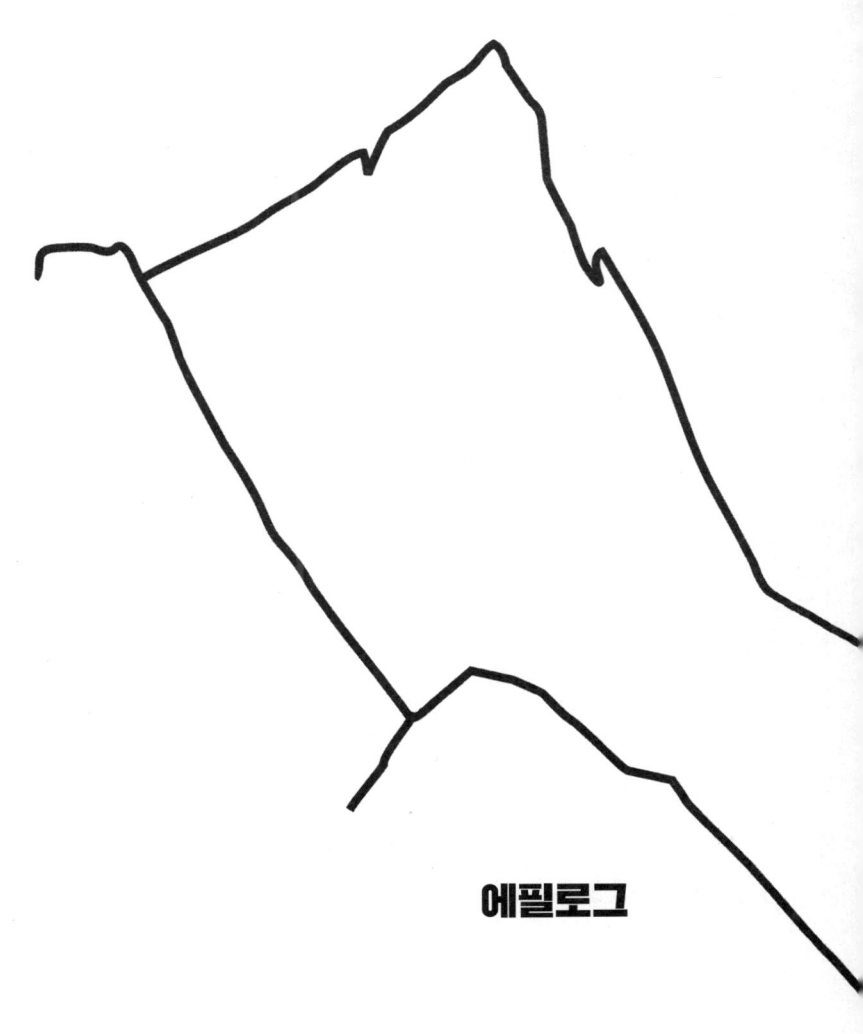

에필로그

이 책에서 나는 (1부에서는 피조물, 2부에서는 인간의 양심을 통해) 모든 창조세계가 하나님을 증거한다는 사실을 설명하려고 했다. 그 과정에서 무엇보다도 하나님이 성경 안에서 우리에게 허락하신 '기록된' 계시에 충실하고자 했다. 나는 성경과 분리된 채로 창조세계와 양심이 우리에게 하나님에 대한 충분한 지식을 제공하는 것처럼 가장하지 않았다. 우리는 성경이라는 길잡이 없이는 결코 창조세계와 양심이 증거하는 바의 본질과 범주를 온전히 이해할 수 없다. 그럼에도 성경 스스로 우리에게 말하는 바는 하나님이 그분의 실존하심을 우리에게 확증시키고자 자연과 양심을 제공하셨다는 것이다. (이를 '자연신학'이라고 부를 수 있다).

이렇게 이해하면, 우리에게 하나님의 존재와 계명과 예수 그리스도 안의 구원의 약속을 확인시키기 위해 성경,

> 우리에게 하나님의 존재와 계명과 예수 그리스도 안의 구원의 약속을 확증시키기 위해 성경, 자연, 양심은 서로 합력한다.

자연, 양심은 서로 합력함을 알 수 있다. 내가 다른 책에서 사용한 용어를 동원하자면, 성경은 하나님의 계시를 규범적 관점에서 제시한다. 즉, 우리가 마땅히 믿어야 하고 행해야 할 바를 알려준다. 자연은 상황적 관점, 즉 우리가 하나님의 계명을 듣고 그 계명을 적용해야 하는 환경을 제시한다. 그리고 양심은 실존적 관점의 계시로서 우리의 가장 내밀한 주관성을 향한 하나님의 말씀이다. 하나님의 피조물인 우리는 성경의 규범을 취하여 우리 주변의 모든 상황에 적용하며 우리 마음의 가장 깊숙한 곳으로부터 이 규범을 신뢰해야 한다.

이런 식으로 각각의 계시 형태는 나머지 두 형태에 의존하고 서로의 전제가 된다. 각각은 다른 것으로부터 우리가 배울 바를 지목하며 어떻게 다른 것들로부터 풍성한 열매를 거둘지를 보여준다.

나의 소망은 독자 한 사람 한 사람이 하나님을 참되신

모습 그대로 만나는 것이다. 최초의 만남이 자연이나 양심, 성경 중 어느 것에 집중되어 있는지는 나의 관심사가 아니다. 최초의 만남이 어디에서 출발했든 나는 당신이 최초에 가졌던 시선이 나머지 두 시선으로 확장되기를 기도한다. 즉, 당신이 자연과 양심과 무엇보다 성경 말씀 곳곳에서 하나님을 발견하고 온전하시며 부요하신 하나님을 풍성히 경험하기를 소망한다. 이 일은 우리가 맨 처음 어디에서 하나님을 만났든 간에 육신이 되신 하나님의 말씀, 즉 모든 면에서 우리와 같은 삶을 사셨고 우리의 죄를 위해 죽으셨고 다시 살아나신 예수 그리스도를 알게 될 때 구체화할 것이다. 우리가 예수를 구세주로 알게 되면 그분의 성령이 우리의 마음을 열어 하나님의 걸작품인 자연을 놀라우리만치 새로운 방식으로 보게 만들 것이며, 우리의 양심을 정결하게 하고 죽은 행위를 버리게 만들어 살아 계시며 참 되신 하나님을 섬기는 일로 돌아서게 할 것이다. 예수가 우리에게 오신 이유는 우리가 생명을 얻고 또 풍성하게 누리게 하시기 위함이다(요 10:10). 하나님의 자연 세계의 풍성함과 우리 자신을 이해하게 될 때, 우리는 하나님이 허락하신 새로운 생명이 또한 얼마나 풍성한지 조금은 헤아릴 수 있게 될 것이다.

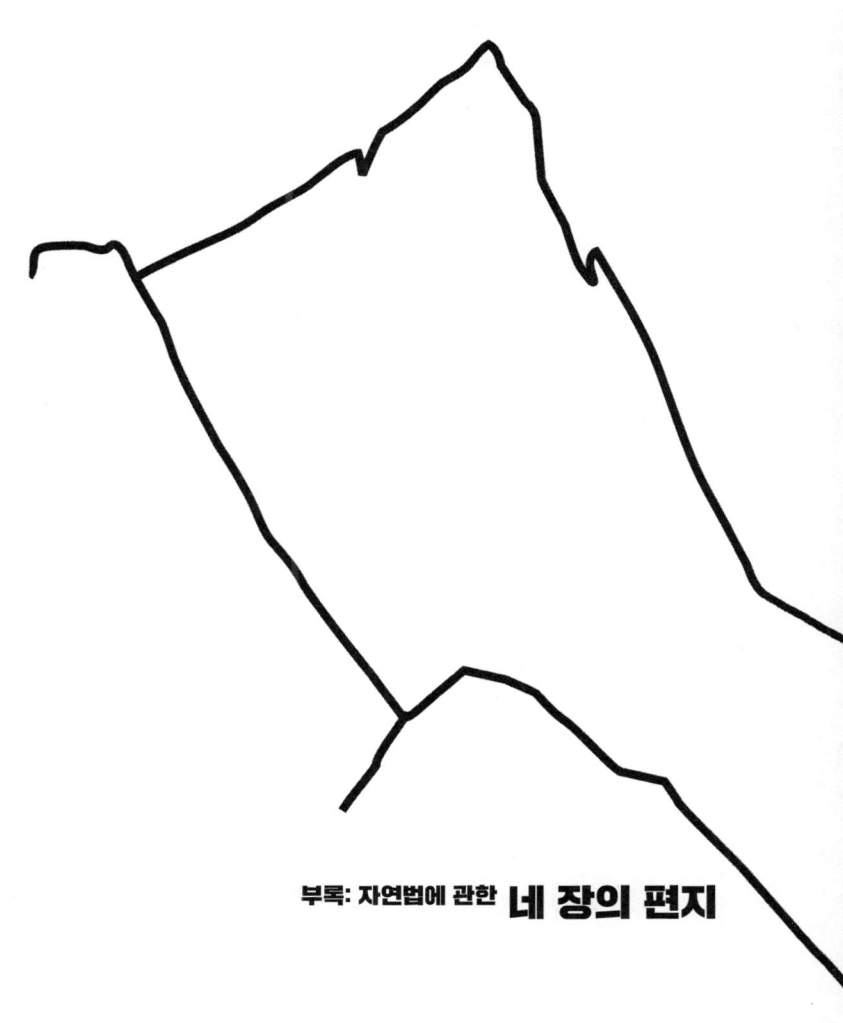

부록: 자연법에 관한 네 장의 편지

이 책을 읽고 자연과 양심과 성경의 관계에 관한 신학적 논의를 더 알고 싶어 하는 독자들도 있을 것이다. 과거부터 지금까지 많은 이들이 '자연법'이라는 개념을 수단으로 하여 이 관계를 파악하고자 했다. 이 시도는 종종 '어떻게 우리가 우리의 삶을 다스려야 하는가'라는 질문에 초점이 맞춰져 있었다.

하나님은 우리에게 성경을 허락하셨지만 창조세계, 곧 자연과 인간 양심도 허락하셨다. 어떤 이들은 창조세계라는 수단을 사용하여 인생의 의사 결정의 근거로 삼을 만한 자연법에 접근할 수 있다고 주장했다.

그런데 이 자연법은 성경과 어떻게 연결되는 것인가? 나는 그간 이 사안에 관한 숱한 논의에 참여해 왔다. 비근한 예가 데이비드 반드루넨의 〈자연법에 관한 성경적 변

론〉에 대한 나의 비평이다.[17]

궁금하게 여길 독자들을 위해 자연법이라는 주제에 관해 내게 문의한 사람들과 주고받은 네 통의 편지를 아래에 소개한다. 이는 원래 〈존 프레임의 신학 서신〉이라는 편지 모음집으로 출간된 것이다(벨링햄, WA, 렉스햄 출판사, 2017).

자연법 윤리학의 기초

자연법을 윤리학의 근거로 삼으려는 이들 간에도 자연법의 실체와 그 내용, 성경과의 관계에 대해서는 이견이 존재한다. 나는 자연법이 종교적 토대를 요하는지를 질문한 학생에게 몇

---

[17] 반드루넨의 저서는 *Studies in Christian Social Ethics and Economics*(Grand Rapids: Acton Institute, 2006)의 1권이다. 나의 비평은 원래 아래에 게재되었다. frame-poythress.org (https://frame-poythress.org/review-of-david-van-drunens-a-biblical-case-for-natural-law/). 그리고 이후에는 다음의 제목으로 출간되었다. *The Escondido Theology: A Reformed Response to Two Kingdom Theology*(Lakeland, FL: Whitefield Publications, 2011), 171-93.

가지 입장을 요약한 답장을 보냈다.

(2012년 6월 18일)
친애하는 S,

글쎄요, 물론 그건 '자연법 윤리'를 어떻게 정의하느냐에 따라 모든 게 달라지겠죠. 아리스토텔레스와 키케로의 자연법은 종교적 근거의 필요가 제거된 것입니다. 아퀴나스의 자연법은 성경의 거부권 행사에 종속된 반(半, semi)자립적인 것입니다. 부지셰프스키의 자연법은 성경적 토대가 있어야만 유익한 변증입니다. 반드루넨의 자연법은 시민사회 영역에서는 충분하지만 거룩의 영역에서는 충분하지 않습니다. 프레임의 자연법은 사람들에게 변명거리를 남겨두지 않지만 사람들은 자연법을 억누르고(로마서 1장) 하나님의 은혜와 성경 계시와 동떨어져서는 누구도 자연법을 올바로 사용할 수 없다고 봅니다.

축복을 담아, 존 프레임

반드루넨의 자연법 변론

나는 데이비드 반드루넨의 저서, 〈자연법에 대한 성경적 변론〉에 대해 부정적으로 평론했고, 이는 www.frame-poythress.org와 나의 〈에스콘디도 신학〉 책에 나와 있다. 이 의견 교류에 대한 예리한 반응이 있어 소개한다.

(2010년 1월 21일)
친애하는 프레임 교수님,

아주 오래전 벳새다 캠퍼스에서 교수님의 변증학 강의를 들었습니다. 교수님의 강의는 제게 큰 축복이었고 기독교인으로 저의 정체성과 철학에 대한 사랑을 통합하는 데 아주 큰 도움이 되었습니다. 현재 저는 남부 신학대학원을 졸업 후 볼티모어의 한 교회에서 목사로 섬기고 있습니다.

목사가 되기 전에는 정계에서 일했고 그때 교수님의 데이비드 반드루넨의 〈자연법에 대한 성경적 변론〉 평론을 읽고 매료되었습니다. 저는 폴 헬름의 블로그에 소개된 교수님의 글을 통해 이 책의 대강을 파악했습니다. 교수님이 잠시 시간이 되신다면 이 주제에 관한 몇 가지 소견을 나누고 싶습니다.

시민 영역과 종교 영역을 서로 구분하는 것은 성경적인 구분이 아니라는 교수님의 지적에 저도 동의합니다. 그러나 이런 구분은 실용적 가치가 있다고 생각합니다. 그러니까 우리가 사람들과 상호작용을 하려 할 때, 하나님을 영화롭게 하기 위해 동원하는 수사적rhetoric 전략이 직업과 상황에 대한 고려에 따라 달라질 수 있다는 의미입니다. 바울도 회당과 아레오바고에서 청중에 따라 같은 메시지를 서로 다른 수사적 방식으로 가르쳤습니다. 아테네에서 바울의 논증은 계시(행 17:18)와 시인과 철학자를 근거로 했고, 회당에서는 구약 인용에 초점을 맞추었고, 교회 안에서는 바울의 사도권과 예수님의 가르침과 구약을 근거로 했습니다. 진리는 늘 동일하지만 바울이 끌어다 쓰는 권위는 때마다 시마다 뚜렷하게 달라집니다.

더욱이 바울은 (자신이 예루살렘에서 유대인들에게 붙잡혀 폭행을 당하던 때) 악을 제한하기 위한 논증을 펼칠 때 로마 시민권을 둘러싼 사회적 규범을 논거로 사용합니다(행 22:5). 바울은 계시된 말씀이 아닌 당시 사회에서 통용되던 규범에 근거해 논증을 펼칩니다. 마찬가지로 우리가 시민으로서 공공 영역에서 악을 제한하도록 동기를 부여하려 할 때도, 하나님의 법을 위배하지 않으면서도 악을 제한하려는 목적 실현에 가장 타당한 근거를 토대로 설득력 있는 방식의 논리를 계발해야 합니다. 그리고 우리의 수사적 전략은 직업과 상황에 따라 달라져야 합니다. 제가 교회 안의 임신한 10대 자매에게 낙태 반대론을 제시할 때 근거로 삼는 권위와 불가지론자인 현역 국회의원을 설득할 때 근거로 삼는 권위는 다를 것입니다. 이 논쟁의 차이는 시민과 종교로 요약될 수 있습니다. 비록 어떤 논증이라도 두 요소를 다 포함하고 있지만 말이죠.

반드루넨의 연구의 긍정적인 측면은 기독교인이 공공의 영역에서, 그리고 기독교와 개신교 청중이라는 범위를 넘어선 학계와 교류할 때 유용한 논리를 계발하는 데 유익하다는 것입니다. 그럼에도 기독교인이 청중에 따라 논증을 다르게 구축할 필요나 자유를 인정하지 않는다면 이는 우려할 만한 일입니다. 그렇지만 반드루넨의 구분은 분별에서 (법이라는 이름의)계시로 격상되었는데, 이 또한 우려 사항입니다.

저는 우리가 자연법이라고 부르는 것이 종종 여러 요소의 매트릭스라고 생각합니다. 즉 이성, 신념 체계, 문화 구조, 성품, 양심 같은 직관적인 여러 권위 요소들이 어우러져 있다는 겁니다. 하나님의 일반 은총은 이 모든 요소들을 관통하며 악을 제한하는 역할을 합니다. 만일 어떤 사람이 그리스도에게 복종하지 않으면서도 하나님의 도덕률에 일정 정도 복종할 때 어떤 요소가 어떤 조합으로 작용했는지는 저는 결코 분명하게 알 수 없습니다. 그래서 우리가 교회의 평화를 확립하거나 악을 제한할 목적으로 청중을 설득할 때 각 청중에 따라 설득 전략을 다르게 짜야 합니다. 이것이 뜻하는 바는 '자연법'은 '법'이라기보다는 도덕적 경향이라는 것입니다. 자연법은 선악을 아는 내면의 증거이자 말하고 사유하는 공유된 능력이라는 의미에서는 법입니다. 그러나 자연법은 초지일관 인정받는 권위는 아니라는 의미에서 법이 아닙니다.

교수님의 어떠한 생각이라도 감사히 받겠습니다.

하나님의 축복을 기원하며, S

다음은 나의 답장이다.

친애하는 S,

다시 소식을 듣게 되어 반갑습니다. 하나님께서 볼티모어에서 사역을 허락하셔서 다행이고 수년 전 우리의 강의에 대해 호평해 줘서 고맙습니다.

당신의 편지 내용에는 상당 부분 동의하는 바입니다. 저도 수사적 전략이 중요하다는 데 동의합니다. 저의 삼중=重 관점에서 수사는 정부 및 여타 영역에 성경의 원리를 적용할 때 중요하게 고려해야 할 상황적 관점에 속합니다. 아울러 저는 수사 선택에 있어서 성경 자체가 아닌, 어떤 식으로든 성경적 계시를 반영하는 다른 것들에 초점을 맞춰야 할 경우가 왕왕 있다는 것에도 동의합니다. 당신이 예로 든 바울의 설교가 적절한 사례이겠죠.

자연법이 많은 사람들에게 다양하게 다가간다는 점에

도 동의합니다. 저는 자연법이 과거에 거부한, 거의 잊혀진 성경의 가르침에 대한 흐릿한 기억이라고 생각합니다. 물론 반드루넨의 의견에 대한 저의 논점은 수사학적이라기보다는 신학적이고 인식론적이었습니다.

1. '자연법=자연계시'라는 것이 존재한다.
2. 자연법은 '세속적'이지 않다. 자연법은 근본적으로 참 되신 하나님에 대한 증거다.
3. 죄인들은 자연법의 진리를 억누른다. 이로써 자연법이 지니는 사회적 토대로서의 기능이 저하된다.
4. 자연법을 올바르게 이해하는 유일한 방법은 성경이라는 안경을 통해서다.
5. 자연법의 근거에 관해 의문이 제기된다면 오직 성경으로만 답할 수 있다.

그러나 가령 정치 담론에서는 굳이 논거가 된 원칙의 궁극적 근거를 검토하지 않아도 될 상황이 많습니다. 어떤 식의 주장을 펼치려 하든, 우리는 단순히 그 원칙 자체에서 알 수 있는 내재적 자명함에 호소할 수 있습니다.

일례로 '태아가 사람인가'라는 논란이 있다고 합시다. 많은 이가, 심지어 비기독교인조차, 태아가 사람이라는 것은 자명하다고 보며, 태아의 유전적 유일무이성을 들어 논거를 펼치는 것 역시 설득력 있다고 봅니다. 이는 타당한 주장이며, 만일 특정 상황에서 이 주장이 설득력을 가진다면 이 근거 너머로까지 파고들어가지 않아도 됩니다.

그러나 만일 누군가가 '유전적 유일무이성이 있으므로 생존권을 가진다'는 주장이 자연주의적 오류라고 반발한다면, 그때는 이 주장의 궁극적이고 인식론적인 근거를 파고 들어야 합니다. 그러려면 결국 성경을 거론해야만 할 것입니다.

도움이 되었길 바랍니다.

변증학으로서의 자연법

물론 로마서 1장은 하나님의 도덕 기준이 창조세계 안에서 만

인에게 계시되었다고 가르친다. 우리는 이를 '자연법'이라고 부를 수 있다. 아래의 학생은 이 계시를 사용하는 것과 관련해 편지를 보냈고, 나의 답장은 대체로 학생의 견해에 동조하지만 일부 주의사항을 추가했다.

(2009년 7월 26일)

그렇다면 (자연과 인간 자신의 내면 모두에 존재한다는) 어떤 도덕 질서가 성경의 충족성을 지고한 권위로 인정하는 것이 가능할까요? '하나님 자신의 영광, 인간의 구원, 믿음, 생명에 필요한 모든 것에 관한 하나님의 전체 계획'(웨스트민스터 신앙고백 1.6의 인용이다-역주)은 어떤 식으로든 보완하거나 강화하기란 굉장히 어려운 과제입니다. 사실 위의 목록은 상당히 포괄적인 것처럼 보입니다. 아니, 너무 포괄적이어서 어떤 도덕 구조라도 성경을 존귀하게 여길 수밖에 없을 것입니다. 먼저 성경의 충족성에 대한 증거를 살펴보겠습니다.

이제까지 숱하게 다루었던 로마서 1장을 다시금 거론해야만 하겠습니다. 왜냐하면 여기서 바울이 제기한 첫

번째 고발은 모세오경의 명료한 가르침에 반하는 죄를 겨냥한 게 '아니라' 창조 질서 자체의 명료한 계시에 반하는 죄에 관한 것이기 때문입니다. 이는 적어도 두 가지 측면에서 주목할 만합니다. 첫째, 그리스도를 계시하고 가르치는 면에서 구약의 충족성을 그토록 강조했던 로마서가 다른 것도 아닌 바로 이런 식으로 시작한다는 것입니다. 둘째, 바울은 남자가 "여인을 순리대로 쓰는 것"이라는 말씀에도 자명하게 드러난 것처럼, 창조 질서의 명료함을 먼저 정립한 후에야 로마서 전반에 걸쳐 우리를 말씀의 세계로 깊이 빠져들게 합니다.

그렇습니다. 바울은 분명 인간의 창조세계에 대한 해석에 죄의 끔찍한 여파가 영향을 미친 것을 고려하지만, 그럼에도 여전히 도덕 질서를 자신의 변증의 출발점으로 삼습니다. 제 생각에는 우리도 복음을 옹호할 때 같은 방식으로 두 가지를 연결할 수 있다고 생각합니다. 아울러 우리도 같은 방식으로 항상 성경을 참조하는 것과 창조 질서를 근거로 한 호소 이 두 가지를 결합할 수 있고, 그렇게 함으로써 하나님의 선하신 창조세계를 통해 우리가 인식하는 '자연법 윤리'는 그 면허의 발급자인 거룩한 성경의 지고한 권위를 수긍할 것입니다.

아래는 나의 답장이다.

아주 사려 깊은 평입니다. 저도 로마서 1장이 도덕 영역에서 자연계시의 명료성을 드러낸다는 것에 동의하고자 합니다. 그런데 여기서 바울은 이방인에게 사회 통치를 위한 제안을 하고 있지 않습니다. 바울은 자연계시를 사용하여 이방인들이 자신들의 삶을 다스리는 데 (사회적, 개인적으로) 실패했음을 제시하고 있습니다. 분명 바울의 말의 취지는 (제가 자연법 전통의 가르침이라고 생각하는) 인간 문화는 성경이 '아닌' 오직 자연 이성理性으로만 통치해야 한다는 메시지가 아닙니다.

아울러 주지해야 할 점은 바울이 여기서 글 쓰는 대상이 기독교인이라는 것입니다. 로마서는 이방인을 대상으로 한 설교 녹취 즉, 바울의 실제 변증이 아닙니다. (바울은 실제로 사도행전 17장에서 이방인들에게 말할 때 자연계시를 사용합니다. 하지만 그 연설의 정점은 그들이 오직 특별계시로만 알 수 있는, 즉, 사도적 선포로만 알 수 있는 그리스도의 부활에 관한 언급입니다.)

그러나 제가 당신의 제안을 전적으로 부정하는 건 아닙니다. 비록 이것이 로마서 1장의 골자는 아니지만 저 역시 비기독교인의 양심을 찌르기 위한 변증으로 자연계시를 사용할 수 있다고 생각합니다. 그러나 물론 그들이 그리스도를 알려면 복음이라는 특별계시가 반드시 뒤따라야만 합니다.

초자연

"초자연과 자연의 차이를 어떻게 정의할까요?" 한 목사가 내게 물었고 나는 이렇게 답변했다.

(2011년 9월 7일)
S 목사님께,

제 책에 관심을 가져주셔서 감사합니다.

글쎄요, 모든 것은 당신이 '초자연'을 어떻게 정의하느냐에 달려 있습니다.

'초자연'이라는 어휘는 하나님이 세상을 지으신 후에는 자연법으로 세상이 돌아가도록 내버려 두셨다는 18세기 이신론Deism에 힘입은 바 크다는 것은 맞습니다. 이신론자들은 하나님이 스스로 확립하신 법칙을 뚫고 개입한다면 스스로를 부인하는 꼴이므로 그런 일은 없다고 주장했습니다. 그래서 그들은 '자연법칙의 예외'인 기적을 '초자연'이라고 정의하고, 기적은 없다고 보았습니다.

제 책 〈신론-주권 신학 시리즈〉 13장에서 저는 상당한 지면을 할애하여 자연 기적에 관한 이신론자의 입장이 틀렸다는 논리를 구축했습니다. 성경은 결코 자연법에 관해 이야기한 적이 없으며 성경 인물들은 한 번도 기적을 자연법 위배라고 규정하지 않았습니다. 간단하게 말하면 성경 인물들은 기적을 하나님의 주재권lordship, 곧 그분의 권능과 권위와 임재의 놀라운 시연으로 이해했습니다.

그러므로 저는 이미 이런 맥락에서 기적을 초자연으

로 정의하는 것을 거부했습니다. 그렇다고 오늘날 다양한 뜻으로 사용되는 초자연을 '부정'하려는 건 아닙니다. 우리의 현 맥락에서 초자연을 부정하는 것은 예수의 부활 등 성경의 기적을 부정하는 것을 뜻합니다. 저는 그 사건들이 실제로 일어났으며 우리의 구원이 그 사건들에 달려 있다고 봅니다. 아울러 우리는 때로 초자연적^{supernatural}(또는 외^{外}자연^{preternatural}이라고 불리는) 천사의 존재를 외면해서는 안 됩니다.

도움이 되었으면 합니다.